W0180609

Heidi Böttcher
Im Tor 187
38855 Danstedt
039458 / 5684

Knigge
Irrtümer

DER KLEINE BESSERWISSER

Knigge
Irrtümer

Benimm ist in!
Das Fakten-
Sammelsurium

arsEdition

INHALT

Knigges Nachfahren

Leider weiß keiner mehr so ganz genau, wie das geht, sich zu benehmen – aber gute Umgangsformen werden wieder zunehmend geschätzt. Daher haben Benimmratgeber erneut Konjunktur.

Hervorragend, könnte man jetzt sagen, die Menschen wollen wieder freundlich und höflich miteinander umgehen! Ja, man legt Wert auf gepflegte Tischsitten und »korrekte« Kleidung. Wer sie besitzt, besteht auch auf die korrekte Nennung von akademischen Graden und Adelstiteln – wie in alten Zeiten. Hierarchien werden höher bewertet und genauer beachtet.

Jeder braucht jetzt also ein Benimmbuch, sozusagen als Überlebenshilfe in schwierigem Gelände.

Allerdings kommen dann einige Fragen auf: Ist die Information, dass man einen Kir Royal nicht als Digestif, sondern als Aperitif serviert, wirklich für jeden wichtig? Muss man wissen, dass der Kavalier auch dann die hintere Autotür für die Dame öffnet, wenn ein Chauffeur den Wagen lenkt? Möglicherweise kommt man nie in die Verlegenheit, eine solche Situation meistern zu müssen.

Schriftlich festgehaltene Regeln haben ein Problem – sie sind alles andere als allgemein räumlich und zeitlich unbeschränkt gültig. Auch wenn sie so ernsthaft und bedeutungsvoll formuliert sind, als seien ihre Maximen ehernes Gesetz, so gilt dies nur, wenn man in der richtigen sozialen Gruppe agiert. Und das zweite Problem: Der Verhaltenskodex wandelt sich ständig, schon heute Nachmittag könnte als antiquiert gelten, was heute Morgen noch gültig erschien.

Eigentlich ist es gleichgültig, wie man einen Verhaltenskodex einschätzt und darüber denkt – man sollte ihn jedoch auf jeden Fall kennen, um ihn ablehnen, modifizieren oder für das eigene Vorankommen nutzen zu können. Sie als Knigge-Besserwisser sind gefordert!

Gutes Benehmen?

Wozu?

ETIKETTE? KLEBT DAS NICHT AUF DER FLASCHE?

Zur Entstehung des französischen Begriffs für den guten Ton gibt es verschiedene Erklärungsansätze: Man kann die Wortherkunft von den Zetteln (frz. *etiquette* = Zettel) ableiten, welche am französischen Königshofe verwendet wurden, um die Rangfolge von Personen oder auch die Tisch- und Sitzordnung zu kommunizieren, speziell für Neuankömmlinge. Eine andere Quelle sieht ebenfalls den französischen Hof als Ursprung der Etikette, nennt aber Ludwig XIV. als Erfinder derselben, weil er im Schlosspark von Versailles Zettel anbringen ließ, welche das Betreten der Rasenflächen untersagten. Schon damals hielt sich kaum jemand daran.

EIN KNIGGE, DER KEIN KNIGGE IST

Angesichts der neuen Begeisterung für Knigge & Co. sei angemerkt, dass »Knigge« eine äußerst fragwürdige Bezeichnung für ein Benimmbuch ist. Die ersten Benimmbücher schrieb nämlich Erasmus von Rotterdam (1466 – 1536), nicht Adolph Freiherr Knigge (1752 – 1796). Erasmus von Rotterdam verfasste im späten Mittelalter sogenannte Fürstenspiegel, ermahnende und belehrende Schriften für Fürsten, Königssöhne und Könige, in denen deren Aufgaben, Tugenden und Pflichten aufgezeigt wurden.

Adolph Freiherr Knigge hingegen hatte keinesfalls auf alle erdenklichen Fragen des guten Tons eine Antwort parat, wie heutzutage irrtümlicherweise angenommen wird. In Wahrheit hat er nie einen reinen Benimmratgeber verfasst. Das zentrale Werk des Schriftstellers beschäftigt sich zwar mit soziologischen Themen, liefert jedoch keine konkreten Verhaltensregeln. »Über den Umgang mit Menschen« ist vielmehr eine Aufklärungsschrift, die ganz allgemein zu mehr Takt und Höflichkeit im Umgang mit den Mitmenschen animieren soll.

MACHEN FESTGELEGTE UMGANGSFORMEN SINN?

Eine sinnvolle Begründung für allgemeingültige Umgangsformen wäre die: Fremde begegnen sich und können sich sicher sein, dass das jeweilige Gegenüber sich nicht feindlich verhält. Ähnliches postuliert Immanuel Kants kategorischer Imperativ: »Handle nur nach derjenigen Maxime, durch die du zugleich wollen kannst, dass sie ein allgemeines Gesetz werde.« Oder einfacher gesagt: Was du nicht willst, dass man dir tu, das füg auch keinem anderen zu. Es dürfte aber bereits klar sein: Die Vorstellung, dass es so etwas wie immer und überall gültige Formen der Höflichkeit und des guten Benehmens gibt, muss zu den überkommenen Mythen zählen. Bestimmte Verhaltenscodes haben heute immer nur einen bestimmten Geltungsbereich und können sich durchaus widersprechen. Was im Clubheim des MC Hells Angels geht, passt nicht in ein Feinschmeckerrestaurant – und umgekehrt.

Der Fels in der Brandung scheint die Straßenverkehrsordnung zu sein. Sie stellt eine wirklich allgemeingültige Regelung dar, auch wenn sie natürlich nur für Teilnehmer des Straßenverkehrs gilt. Insofern unterscheidet sie sich von den informellen Verhaltensregeln des guten Tons. In ihrem Geltungsbereich ist sie jedoch tatsächlich für alle verbindlich, unabhängig von Alter, Geschlecht, Einkommen und gesellschaftlicher Position. Ach nein, da hakt es schon: Bundestagsabgeordnete im politischen Einsatz sind zum Beispiel immun gegen die Regeln der Straßenverkehrsordnung …

DIE KARTOFFEL UND DAS MESSER – BENIMMREGELN ÄNDERN SICH

Ein häufig gelebter Irrtum beruht auf der Vorstellung, dass einmal gültiges gutes Benehmen für alle Zeiten oder zumindest für einen langen Zeitraum gültig bleibt. Es gibt durchaus überkommene Verhaltensregeln, die entweder in Vergessenheit geraten oder auf eine bestimmte Art und Weise sinnlos weiterpraktiziert werden, wie die Sache mit den Kartoffeln und dem Messer. Dass man Kartoffeln nicht mit dem Messer schneiden darf, gehört eindeutig zu den veralteten Benimmregeln, auch wenn das noch nicht überall angekommen ist. Es gibt mittlerweile keine Messer aus einfachem Eisen mehr, die beim Schneiden von Kartoffeln anlaufen würden. Aus diesem Grund ist es heute völlig angemessen, das Lieblingsgemüse der Deutschen mit dem Messer zu zerteilen.

Ähnlich verhält es sich mit den Gepflogenheiten beim Treppensteigen – moralische Einstellungen haben sich geändert, Herren dürfen in unserem Kulturkreis hinter der Dame hergehen und ihre Beine betrachten, was noch vor einem Jahrhundert undenkbar war. Bei anderen Völkern und Nationalitäten gilt dies allerdings immer noch als anstößig.

LANDEI LÄSST GRÜSSEN – BENIMM MIT VERSPÄTUNG

Die Gesetze des guten Tons ändern sich nicht nur im Lauf der Zeiten – sie können auch zum selben Zeitpunkt an unterschiedlichen Orten sehr differieren. Häufig entwickeln sich die Vorstellungen über das korrekte Verhalten einer Gruppe lokal mit unterschiedlicher Geschwindigkeit. Was in der Großstadt als korrekt und den Regeln entsprechend gilt, wird in der Provinz erst Jahre später adaptiert, was den Großstadtbürgern die Möglichkeit gibt, sich über die vermeintlich rückständigen Provinzler lustig zu machen. Vielerorts sind auf dem Lande noch Riten, Sitten und Gebräuche im Umlauf, die in der Großstadt längst in Vergessenheit geraten sind, während sich bestimmte Benehmenskonventionen nur in der sozialen Intensität einer Stadt entwickeln können. Zum Beispiel die Begrüßung: Während man sich in der Großstadt schon lange umarmte, herzte und über die Maßen vertraut auch unter Männern küsste, gab man sich auf dem Lande noch einfach und geradeheraus grüßend die Hand.

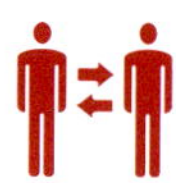

DIE ROCKERGANG IM SCHAUSPIELHAUS

Mit gutem Benehmen kommt man überall durch. Kolossaler Irrtum! Es verhält sich wie mit der Hochsprache. Wer den hannoverschen Dialekt, also Hochdeutsch, zu übertrieben spricht, verletzt in manchen Bundesländern unbewusst eine lokale Etikette und grenzt sich aus. Jede Gruppe hat ihren eigenen Benimmcode, weshalb Sie mit der Hochsprache des guten Benehmens weder in einem Rockerclub noch bei Fußballfans oder in einer Straßengang weiterkommen.

Im Gegenteil – Sie grenzen sich eindeutig als zur nicht am Orte angesagten Gruppe gehörig aus. Umgekehrt wird der Rocker mit seiner Gang im Schauspielhaus wohl kaum die adäquate Form finden. Das sind Randprobleme, werden Sie jetzt vielleicht sagen, aber wie verhält es sich mit Fernsehautoren, Theaterleuten, Künstlern und anderen Kulturschaffenden? Hier gehört gerade die Verletzung des ansonsten üblichen Verhaltenscodes zum guten Ton, selbstverständlich vorausgesetzt, dass man dessen Regeln perfekt und virtuos beherrschen könnte – wenn man denn wollte …

GRUNDREGELN DER HÖFLICHKEIT

Benimmregeln besitzen von ihrer Herkunft her zwar keine moralische Grundlage, können aber mit einer entsprechenden Grundhaltung an sozialer Bedeutung gewinnen. Gewisse Grundregeln der »Höflichkeit« sollten ohne Ansehen der Person für alle gelten. Was würden Sie von einem Menschen halten, der bei einem feierlichen Dinner seine Tischnachbarn mit vollem Titel anspricht und sich ihnen gegenüber äußerst formgewandt verhält, dann aber vor der Tür des Etablissements einen Obdachlosen anfährt: »Hau ab, du Drecksau! Du hast hier nichts zu suchen, Versager!«

Allein die Tatsache, dass er einen völlig Fremden duzt, deutet darauf hin, dass es mit seiner inneren Haltung nicht weit her ist und sein Wohlverhalten in eigennütziger Absicht aufgesetzt ist. Überlegen Sie sich gut, ob Sie mit einer solchen Person Kontakt halten oder Geschäfte machen möchten. Können Sie sich vorstellen, was sie hinter Ihrem Rücken über Sie sagen wird? Überdenken Sie daher Ihr Verhalten gegenüber diesem Menschen. Wer sich arrogant oder herablassend oder sogar offen aggressiv nicht nur Schwächeren gegenüber zeigt, demaskiert sich selbst als das, was er ist: ein widerwärtiger Zeitgenosse. Sollten Sie selbst Tendenzen in diese Richtung zeigen – arbeiten Sie an Ihrer Mitmenschlichkeit.

NICHTS GEHT ÜBER SELBSTENTFALTUNG – REGELLOSIGKEIT UND DEREN FOLGEN

Geht es auch ganz ohne Regeln? Wer sich und sein Verhalten beobachtet und sich seiner sozialen Einbindung bewusst ist, wird sich auch ohne starres Regelwerk zu »benehmen« wissen, könnte man annehmen.

Gar keine allgemeingültigen Grundsätze im Verhalten befolgen zu müssen, kann für simpel strukturierte Charaktere allerdings schnell zu ausgesprochen asozialen und entwürdigenden Folgen führen. Wer ohne reflektierte Verantwortlichkeit handelt und dies nicht einmal bemerkt, ist bezogen auf seine persönliche Entwicklung so etwas wie eine soziale Zeitbombe. Sich von unsinnigen Einschränkungen in Benimmbüchern und überholten autoritären Normen zu befreien, ist eine Sache. Im Rahmen einer dumpf-egozentrischen Selbstverwirklichung zum Elefanten im Porzellanladen zu werden, weil man die Folgen seines Tuns nicht einschätzen kann, eine andere. Wer auf einer Gedenkfeier im ausgeleierten Jogginganzug erscheint, sich ungeniert im Schritt kratzt und seinem Nebenmann Witze erzählt, ist ebenso eine Lachnummer wie der Typ, der sich wie ein schlecht erzogenes Kleinkind hemmungslos seinen Stimmungen hingibt und sie ohne Rücksicht auf seine Mitmenschen auslebt. So ein Mensch wird seinen Alltag nicht bestehen können, ohne bei seinen Zeitgenossen anzuecken.

WIE SIEHT DAS DENN AUS? – DIE ÄSTHETIK DER SITUATION

Nicht schwarz auf weiß festgelegte Regeln, sondern ein kritischer Blick auf die eigene Wirkung sollte Ihr Handeln in der Öffentlichkeit bestimmen. Stellen Sie sich bei allem, was Sie tun, vor Ihrem geistigen Auge einen Spiegel vor und betrachten Sie sich darin. Wie wirkt das, was ich gerade tue, auf die Menschen um mich herum? Gebe ich eine gute Figur ab oder bin ich die Lachnummer, der Loser, der Elefant im Porzellanladen? Wenn der Typ im Spiegel Ihnen nicht gefällt und Sie die aufgezählten Rollenbilder vermeiden wollen, sollten Sie Einfluss auf Ihr Verhalten nehmen. Anders als vielleicht bei einem Ausflug in einen anderen Kulturkreis genießen Sie nämlich hier zu Hause einen gewissen Spielraum in Bezug auf gute Sitten, den Sie zum einen erhalten, zum anderen für sich ausnutzen können und sollten.

Was ist damit gemeint? Es gibt Menschen, die legen so selbstverständlich, ohne jede Unsicherheit und auch ohne provozieren zu wollen, das Besteck zur Seite und essen ihr Hähnchen oder auch andere Speisen mit der Hand weiter, dass niemand überhaupt auf die Idee kommt, ihr Verhalten zu bemängeln. Und es gibt Menschen, die bei einem feierlichen Anlass trotz unpassender Kleidung die Würde der Situation und ihre eigene wahren können. Richtige Bekleidung kann wichtig sein, bestimmt aber nicht ausschließlich die Einschätzung Ihrer Person durch Ihre Mitmenschen. Ihr schwarzer Anzug kann perfekt sitzen – Sie outen sich aber als Idiot, wenn Sie sich auf einer Beerdigung über andere Gäste lustig machen, sei es auch nur im Flüsterton zu Ihrem Nebenmann.

Und dann gibt es diejenigen, die es immer wieder mit tödlicher Sicherheit schaffen, mit ihren Handlungen die Ästhetik der Situation zu stören oder gar zu zerstören. In früheren Tagen gab es zum Beispiel den Typen, der nach einem vorzüglichen Essen mit einem unterhaltsamen, sehr persönlichen Tischgespräch eine Zigarette rauchte und die Kippe anschließend in die Reste der Mousse au Chocolat drückte, wo sie unter Zischen und Geruchsentwicklung verstarb.

Doch Fehlverhalten geht auch ohne Zigaretten. Benutzte Servietten auf dem Teller mit Essensresten, vernehmliche Handy-Telefonate und ungehemmte SMS-Orgien mit störendem Elektroniksound beim Empfang oder Versand, übermäßig lautes Lachen und Schulterklopfen oder hektische Aktivität auf der selbstständigen Suche nach Speisekarte oder Salzstreuer können in einem Lokal mit dezenter und gedämpfter Atmosphäre lästig und unästhetisch wirken.

Um es anders zu formulieren: Neben der Ästhetik der Situation sollte die Erhaltung der Atmosphäre in Ihren Handlungen eine bedeutende Rolle spielen. Versuchen Sie an einem neuen Ort des Geschehens zunächst, sich einen Überblick über die aktuelle Situation zu verschaffen, und stellen Sie sich dann auf die vorgefundene Atmosphäre ein. Ihr umfangreiches Verhaltensrepertoire sollte Ihnen dieses möglich machen. Bestellen Sie also in einer Eckkneipe keinen Châteauneuf-du-Pape, und beschweren Sie sich auch nicht über das falsche Weinglas, wenn dann der Lambrusco aus dem Supermarkt serviert wird.

BENIMM DICH, DU VANDALE!

Bei einem Fauxpas (frz. *falscher Schritt, Fehltritt*) handelt es sich laut Wikipedia um die Verletzung von ungeschriebenen, aber allgemein bekannten und akzeptierten sozialen Verhaltensregeln. Aber welche Regeln sind überhaupt im allgemeinen Bewusstsein präsent, und auf welche Regelverletzungen reagiert der durchschnittliche Mitmensch, der ja in den meisten Fällen kein absoluter Knigge-Kenner ist? Was ist eigentlich in den Augen Ihrer Mitmenschen ein Fauxpas?

Laut Deutschlands angeblich größtem Ranglisten-Portal woobby.com ist vor allem der schlaffe Händedruck besonders unbeliebt. Fast jeder Fünfte fasst es als Benehmensfehler auf, wenn seine Hand bei der Begrüßung nicht ausreichend gequetscht wird.

Ebenfalls als extrem störend gilt es, wenn Sie zu wenig Abstand halten. Etwa jeder sechste Mitmensch würde das monieren.

Fehler Nummer drei, und da hatte Ihre Mutter schon in Ihrer Kindheit recht: mit vollem Mund sprechen. Immerhin noch fast elf Prozent aller Bundesbürger mögen eine Mischung aus Sprache und den Geräuschen weich gekauter Nahrungsmittel nicht.

Des Weiteren sollten Sie (in absteigender Aufmerksamkeit) nicht zu laut reden, schmatzen, den Gesprächen mit Ihren Mitmenschen gegenüber unaufmerksam sein und zu viel Alkohol trinken.

Damit Sie einen Maßstab haben: Nur noch drei Prozent Ihrer Mitmenschen beanstanden den allzu massiven Alkoholkonsum, den restlichen 97 Prozent wäre das offenbar einerlei.

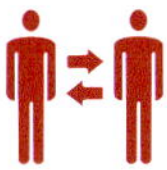

Alltags-Knigge – die *Klassiker* des guten Benehmens

DER BLUMENSTRAUSS ALS PROBLEM

Erstaunlich, was man mit Grünzeug alles falsch machen kann! Zuallererst sollten Sie auf jeden Fall beachten: Ein Blumenstrauß wird nie verpackt überreicht!

Um weitere Irrtümer zu vermeiden, sollten Sie außerdem etwas über die Sprache der Blumen lernen. Durch die Wahl der Blumenfarbe oder -sorte sagen Sie oft nämlich mehr, als Sie vielleicht denken. Schenken Sie beispielsweise der Frau Ihres Chefs keine einzelne rote Rose, es sei denn, Sie wären ihr Liebhaber oder hätten Ambitionen, es zu werden. Gelbe Rosen stehen für Eifersucht. Weiße Lilien sowie weiße Blumen überhaupt gelten als Friedhofsblumen und sind daher kein geeignetes Mitbringsel für Krankenhauspatienten. Kakteen, auch wenn sie blühen, können als Symbol der Ablehnung oder Manifestation einer Beleidigung gelten – außer für ausgewiesene Kakteenliebhaber. Und falls Sie sich selbst als infantil einschätzen und auch so eingestuft werden wollen, schenken Sie Gänseblümchen!

Wenn Sie nicht kategorisch erklären möchten, dass Sie als ein absoluter Analphabet in der Blumensprache angesehen werden wollen, vertrauen Sie am besten einem erfahrenen Floristen, um keine florale Falschaussage zu machen. Er weiß, welche Blumen zu welchem Anlass überreicht werden können.

Eine weitere Regel, die mittlerweile – zumindest in Deutschland – als überholt betrachtet werden darf, ist die Vorschrift, dass Blumen in einem Strauß immer nur in ungerader Zahl verschenkt werden dürfen. Da Floristen heute wesentlich mehr Möglichkeiten zur kreativen Gestaltung eines Blumenstraußes zur Verfügung stehen als nur die Variation der Blumenanzahl, kann auf lästiges Nachzählen verzichtet werden.

Die Gefahr für weitere Missverständnisse erhöht sich enorm, wenn Sie international blumige Grüße übermitteln wollen. In

Italien, Frankreich, Spanien, Belgien und in der Türkei gelten nicht weiße Lilien, sondern Chrysanthemen als Friedhofsblumen. In Mexiko und Chile symbolisieren gelbe Blumen Trauer. In Polen schenkt man immer eine gerade Anzahl von Blüten in einem Strauß – das bringt Glück. Entsprechend wird eine ungerade Anzahl als Beleidigung aufgefasst.

Mit den Zahlen haben es auch die Chinesen. Das Wort für die Zahl Vier – sì –, aber auch das für die Zehn – shí – hört sich in der chinesischen Hochsprache Putonghua ähnlich an wie das Wort für »Tod«. Die Sieben – qī – klingt ähnlich wie der chinesische Ausdruck für »fortgegangen«. Also in China bloß keine vier, sieben oder zehn Blumen in einem Strauß schenken. Vier Chrysanthemen beispielsweise wären der nackte Horror für einen Chinesen, der in Frankreich lebt.

NACHBARN – SO NAH UND DOCH SO FERN …

Gutes Benehmen hin und her – wenn Sie sich das Leben zur Hölle machen wollen, fangen Sie am besten Streit mit Ihren Nachbarn an. Oder andersherum: Ihr höfliches beziehungsweise mitmenschlich einwandfreies Verhalten hat nirgendwo deutlichere Folgen als im Kontakt mit Ihren Nachbarn. Dabei ist es nicht ganz unwesentlich, ob Sie allein im Wald, nah beieinander in einer Doppelhaushälfte, noch näher im Reihenhaus, im Mehrfamilienhaus oder in einer der gigantischen Wohnmaschinen am Stadtrand wohnen – je mehr Nachbarn Sie haben, desto größer ist der potenzielle Ärger.

Der erste Kontakt ist der wichtigste – deshalb: Stellen Sie sich beim Einzug kurz vor. Wenn Sie dies nicht machen, geben Sie der Gerüchteküche reichlich Nahrung. Mehr nachbarschaftliches Engagement empfinden viele heutzutage allerdings schon als aufdringlich. In unseren Breiten ist der nachbarschaftliche Kontakt mittlerweile vergleichsweise gering, die Zeiten ausgeborgter Bohrmaschinen und Tassen voller Zucker sind vorbei, seit Supermärkte bis 22 Uhr geöffnet haben und Baumärkte Werkzeug zum Spottpreis anbieten. Während sich Südländer und Osteuropäer häufig und gern besuchen, macht bei uns für viele die Distanz den guten Nachbarn aus. Also: Grüßen Sie freundlich, wenn Sie jemanden treffen, am besten mit Namen – und wahren Sie ansonsten gepflegte soziale Kälte. Das genügt heute, um als guter Nachbar zu gelten.

HERR DOKTOR VON UND ZU – GRADE UND TITEL

Viele Menschen bestehen auf die Verwendung ihres akademischen Grades – vielleicht haben sie sonst nichts, worauf sie stolz sein können. Wenn Sie also das erste Mal mit Herrn Dr. Klöbener zusammentreffen, sprechen Sie ihn auch mit »Herr Doktor Klöbener« an. Oft wird er darauf ohnehin mit »Lassen wir doch die Förmlichkeiten, Klöbener genügt!« antworten.

Übertreiben Sie es jedoch nicht mit dem Titel-Wahn. Diplomingenieure sowie Menschen mit Master- oder Bachelor-Abschluss müssen auf diesen Titel in ihrer Ansprache verzichten. Wenn jemand über mehrere akademische Grade verfügt, wird jeweils nur der höchste Grad genannt. Ein Prof. Dr. Dr. Dr. wird also nicht mit sämtlichen Titeln angesprochen, wie fälschlicherweise oft angenommen wird, sondern nur mit »Herr Professor«. Auch ist es heutzutage nicht mehr üblich, den akademischen Grad auf die Frau des Titelträgers zu übertragen – sie darf ihn nicht nur nicht führen, sondern hat ihn auch nicht erworben. Gleiches gilt umgekehrt: Herr Kling und seine Frau, Frau Doktor Kling. Nicht anders. Ebenso verhält es sich bei politischen Ämtern: Die Ehefrau des Bürgermeisters ist nicht Bürgermeisterin.

Richtig kompliziert wird es, wenn zu dem Doktortitel noch ein Adelstitel hinzukommt. Der promovierte Graf von und zu Gibbinghausen wird richtig »Herr Doktor Graf Gibbinghausen« angesprochen. Das von und zu fällt weg.

U.A.W.G. – DU VERSTEHST?

So formell die Einladung für die nächste Party im Postkasten liegt, so missverständlich ist oft die Aussage der verwendeten Abkürzungen: U.A.w.g. bedeutet nicht »Um Abendkleidung wird gebeten«, wie vielfach fälschlicherweise angenommen wird. Wenn Sie so formell eingeladen werden, liegen Sie zwar mit eleganter Abendkleidung meist nicht falsch, gemeint ist in diesem Falle jedoch etwas anderes: Um Antwort wird gebeten.

Auch wenn dieser Wunsch natürlich berechtigt ist, kann die Formulierung durchaus unhöflich wirken, indem sie unterstellt, dass der Adressat nicht korrekt oder rechtzeitig auf die Einladung antworten wird. Freundlicher klingt vielleicht die im englischen und französischen Sprachraum gebräuchliche Abkürzung R.s.v.p. (»Répondez s'il vous plaît«), die dann aber möglicherweise als

»Reservieren Sie voraussichtliche Personenzahl« oder Ähnliches missdeutet werden kann. Einfach und mitmenschlich klar wäre die Zeile »Bitte teilen Sie uns mit, ob Sie dabei sein können«.

GESUNDHEIT! – RICHTIG NIESEN

Jemandem »Gesundheit« zu wünschen, wenn er niesen muss, wird in weiten Kreisen der Bevölkerung noch immer als Selbstverständlichkeit des guten Benehmens gesehen. Doch schon seit dem 19. Jahrhundert gilt dieser gut gemeinte Wunsch, dessen Entstehung vermutlich in Zeiten zu verorten ist, als die Pest noch kursierte, als überholt und kann sogar als Zeichen von mangelnder Etikette empfunden werden. Wenn eine andere Person niesen muss, sollte dies in der Öffentlichkeit möglichst ignoriert werden, um der ohnehin schon unangenehmen Situation für den Niesenden nicht noch mehr Beachtung zu schenken. Dieser sollte sich jedoch auch an gewisse Grundregeln der Höflichkeit halten: In manchen Situationen ist es sogar angebracht, sich für sein Niesen zu entschuldigen, vor allem wenn dies so laut und plötzlich geschieht, dass ahnungslose Mitmenschen sich dabei zu Tode erschrecken könnten …

VORAUSEILENDE HILFSBEREITSCHAFT? – MENSCHEN MIT BEHINDERUNG

Schon das Wort »Behinderte« wird oft als Diskriminierung begriffen, stempelt es doch den ganzen Menschen als irgendwie nicht vollwertig ab. »Menschen mit Behinderung« lautet die unverfänglichere Formulierung. Im Umgang mit dem Handicap anderer tun sich Menschen ohne Behinderung allerdings oft schwer. Vorauseilende Hilfsbereitschaft aus lauter Unsicherheit wird von den Betroffenen ebenso wenig geschätzt wie übertriebene Vorsicht oder Rücksichtnahme. Absolut auf dem falschen Weg sind Sie mit Mitleidsäußerungen. Menschen mit Behinderung wollen vor allem in ihren ganz gewöhnlichen Eigenschaften gesehen werden, als Mitmenschen, Kollegen, Mitarbeiter oder als Experten auf einem Spezialgebiet. Das bedeutet nicht, dass Ihre Unterstützung deshalb unerwünscht ist. Nur: Warten Sie damit, bis Sie um Hilfe gebeten werden. Damit die alte Dame, die eigentlich nur auf den Bus warten wollte, sich nicht plötzlich auf der anderen Straßenseite wiederfindet, bevor sie richtig protestieren kann, nur weil ein eifriger Pfadfinder noch eine gute Tat für den heutigen Tag brauchte.

KURZ UND KNACKIG: EINE REDE HALTEN

Ein offizieller Anlass ohne Rede, so glauben manche Zeitgenossen, das geht einfach nicht. Unglücklicherweise gibt es zahllose Menschen, die sich durch derartige sprachliche Darbietungen zu profilieren versuchen, und leider sind ihre Vorträge oft nur mit einem einzigen Ausdruck zu bezeichnen: grottenschlecht. Wer sich nicht absolut sicher ist, eine unterhaltsame, intelligente und kurzweilige Rededarbietung zustande zu bringen, sollte nur eines tun: die Klappe halten. Oder einem anderen, begabteren Redner zuhören.

Wie Sie Ihre Redebegabung testen können? Sie haben doch sicherlich eine Videokamera, oder?

Zur besseren Vorbereitung noch ein paar Grundkenntnisse zum Aufbau und Vortrag einer Rede: Leiernde Stimmen ermüden, übertriebene Heiterkeit wirkt ebenso unecht wie gespielte Trauer. Lebensläufe von Jubilaren müssen nicht bis ins Detail gehen. Danksagungen können maßlos langweilen. Satz-Bandwürmer wirken tödlich einschläfernd. Überschäumende Gefühlswallungen gehören ins Tagebuch oder, wenn es sein muss, ins Internetforum, aber nicht in eine Rede. Fremdwörter und Fachbegriffe auf der Beerdigung oder bei der Hochzeit können irritieren. Gefragt hingegen sind lebendig vorgetragene Anekdoten und vor allem eines: Kürze.

Minimale *Tischsitten* – Essen privat und öffentlich

Allein essen ist ganz einfach. Zum Beispiel der schnelle Imbiss am späten Abend: Kühlschrank auf, fluchen, dass wieder irgendjemand die gewünschten Speisen aufgegessen hat, dennoch alternatives Lebensmittel auswählen und herausholen, irgendwie in den Mund befördern, kauen oder auch nicht, zufrieden grunzen, zurück aufs Sofa. Das machen Sie doch sicher auch so. Problematisch wird es dann, wenn ein vertrauter Mensch in der Nähe ist. Die Themen der nun folgenden Krisen- und Interventionsgespräche reichen von der Kritik am späten Zeitpunkt des Kühlschrank-Zugriffes über Art und Menge der gegessenen Delikatessen bis zu Diskussionen über den (meist völlig fehlenden) Stil des Verzehrs.

Wie kritisch kann es aber erst werden, wenn man die Zufuhr von Nahrungsmitteln unter den Augen der Öffentlichkeit praktizieren muss?

GREIF DOCH ZU! – MIT DEN HÄNDEN ESSEN

Messer und Gabel, die Werkzeuge, die wir für so selbstverständlich halten, sind auf diesem Globus etwa zwei Dritteln der Menschheit nicht geläufig oder werden sogar als exotisch wahrgenommen. Etwas mehr als zwei Milliarden Menschen essen mit Messer und Gabel, während weitere zwei Milliarden Stäbchen bevorzugen. Die übrigen haben entweder nicht den Wunsch nach Hilfsmitteln bei der Nahrungsaufnahme oder nicht die Wahl. Viele benutzen aus Gründen der Armut ihre Hände, um zu essen.

Das Messer und der Löffel sind in unseren Breiten als Esswerkzeug bereits seit über 1000 Jahren in Gebrauch. Die Gabel hingegen kann erst auf etwa 200 Jahre in der Besteckschublade zurückblicken. Sie galt nämlich über Jahrhunderte als Werkzeug des Satans und war sogar mit einem Kirchenbann belegt. Was nicht auf das Messer aufgespießt werden konnte, wurde entweder gelöffelt oder mit der Hand aus der Schüssel gehoben, und das auch an den Tafeln der Adligen und an Königshöfen. Immerhin wusch man sich mancherorts vorher die Hände.

Ein französischer König war wohl der Erste, der im 14. Jahrhundert zur Gabel griff. Das gemeine Volk brauchte deutlich länger, bis es das Teufelswerkzeug zur Hand nehmen konnte, zunächst in Ermangelung eines solchen Hilfsmittels, aber auch aus einer irrationalen Angst, nun mit dem Griff zur Gabel doch dem Unaussprechlichen in die Hände zu arbeiten. Auch galt die Benutzung von Besteck bei Tisch mancherorts als weichlich und weibisch.

Was die heutige Sichtweise der Dinge betrifft, sind Messer, Gabel und Löffel bei uns mittlerweile die Standardwerkzeuge für die Nahrungsaufnahme. Allerdings gibt es auch eine ganze Anzahl von Ausnahmen. Es handelt sich dabei jedoch keineswegs um »Freiheiten«, sondern um neue, detailliertere Nutzungsgrundsätze. So ist festgelegt: Ganze Artischocken werden mit den Fingern zerlegt. Wenn alle Blätter entfernt sind und der essbare Teil genossen werden konnte, wird der Artischockenboden allerdings mit der Gabel, keinesfalls mit den Fingern, zerteilt.

Sie sollten jetzt jedoch nicht glauben, dass Sie Ihr Essen immer dann in die Hand nehmen dürfen, wenn es sinnvoll erscheint. Auch bei der These, dass alles, was fliegt, mit den Händen gegessen werden darf, handelt es sich um einen beliebten Irrtum. Beim Schenkel eines Brathähnchens zum Beispiel dürfen Sie nicht immer mit der Hand zugreifen, sondern nur dann, wenn es eine Papiermanschette trägt oder wenn sich eine Fingerschale auf dem Tisch befindet.

BESTECK – WOHIN DAMIT?

Mit dem Aufkommen des Bestecks stellten sich neue Fragen, die immer wieder anders gelöst wurden. Allgemein gilt heute: Nicht der Mund nähert sich dem Besteck, sondern umgekehrt. Bereits benutztes Besteck sollte nicht wieder auf die Tischdecke gelegt werden, sondern auf dem Teller bleiben. Schonen Sie die Tischwäsche Ihres Restaurants oder Ihres Gastgebers.

In einem Restaurant fragt man sich zum Thema Besteck vor allem: Wann und wozu werden die verschiedenen Messer, Löffel und Gabeln neben dem Teller benutzt? Es gelten die einfachen Regeln:

- Von außen nach innen: Zuerst das »Werkzeug« für die Vorspeise, danach das Fischbesteck, später das Besteck für das Fleischgericht. Oben über dem Teller liegt ein Löffel oder eine kleine Gabel für das Dessert.
- Häufig wird das Besteck für einen bestimmten Gang auch erst mit dem Servieren dieser Speise geliefert.
- Und wenn wir schon einmal bei Reihenfolgen sind: Bei den Gläsern geht es von links nach rechts, zumeist in der Abfolge Sekt, Weiß- und Rotwein.

DIE SPRACHE DES BESTECKS

Wussten Sie, dass Besteck sprechen kann? Dass Messer, Gabeln und Löffel mit Ihnen und Ihren Mitmenschen kommunizieren können? Entgegen einem sich hartnäckig behauptenden Gerücht ist es zwar nicht möglich, dem Gastgeber oder Kellner mithilfe der entsprechenden Positionierung des Bestecks mitzuteilen, ob das Essen geschmeckt hat oder nicht – zwei wesentliche Informationen können Sie auf diese Weise aber auf jeden Fall nonverbal mitteilen:

- Wenn Sie das Besteck leicht gekreuzt auf den Teller legen, wobei der Gabelrücken nach oben zeigen sollte, signalisieren Sie den Servicekräften, dass Sie gerade eine Pause beim Essen machen.
- Wenn Sie Messer und Gabel parallel nebeneinander auf dem Teller platzieren, müssen Sie damit rechnen, dass der Kellner Sie Ihres Gedecks berauben wird. Das bedeutet nämlich: »Fertig! Abräumen!«

Vorsichtig mit dem Besteck und seinen unwillentlichen Aussagen müssen Sie auch in China und Japan sein, selbst wenn hier statt Löffel, Messer und Gabel Stäbchen verwendet werden. Das dürfen Sie auf keinen Fall tun:

- Die Stäbchen senkrecht ins Essen stecken, denn beim sogenannten »hotokebashi« handelt es sich um ein Ritual bei Beerdigungen, wo genau dies geschieht. Stäbchen senkrecht in den Reis heißt: Er hat den Löffel abgegeben, der Tote bekommt seine letzte Mahlzeit.
- Als unfein gilt es, die Stäbchen links und rechts neben der Schale zu platzieren. Sie gehören natürlich auf den »hashioki«, den Stäbchenhalter, wie Sie sicher wissen.
- Weiter sollten Sie es vermeiden, die Stäbchenspitzen abzuschlecken oder diese auf Menschen zu richten.
- Das Weiterreichen des Essens von Stäbchen zu Stäbchen ist ebenfalls Teil eines Bestattungsrituals und hat bei einer normalen Mahlzeit nichts zu suchen.

Das war es? Keineswegs. Wenn Sie außerdem

- nicht das Essen mit den Stäbchen aufspießen,
- die Stäbchen nicht als Zahnstocher benutzen,
- die Speisen nicht auf statt zwischen die Stäbchen nehmen,
- nicht mit den Stäbchen in der Luft herumfuchteln,
- nicht im Essen herumstochern und nach leckeren Bissen suchen und
- die Speisen nicht mit den Stäbchen aus der Schüssel in den Mund schaufeln,

dann sind Sie ein (fast) perfekter Stäbchen-Esser. Darüber hinaus müssen Sie nur noch etwa 36 weitere Regeln beachten. Dafür dürfen Sie aber ganz locker aus dem Papier der Stäbchen-Verpackung eine lustige Origami-Figur falten. Es soll ja nicht zu steif zugehen bei so einer asiatischen Mahlzeit.

SPAGHETTI ESSEN FÜR ANFÄNGER

Auch wenn sich die meterlangen Teigwaren noch so sehr quer legen: Sie outen sich als »gesellschaftlich randständig« oder zumindest als Mensch ohne Manieren, wenn Sie Spaghetti und lange Bandnudeln mit dem Messer bearbeiten. Es gilt als schwerer Etikette-Fehler, wenn Sie Nudeln mit dem Messer schneiden.
Die Gründe dafür liegen im Dunkeln. Die Vermutung, dass es irgendwo einen Sinnspruch in der Art »Schneid der Nudel nicht ins Herz, denn sie fühlt wie du den Schmerz« geben könnte, konnte allerdings noch nicht belegt werden. Auf jeden Fall gilt: Finger weg vom Messer, auch wenn die umherschwingenden Teigwaren Sie

in Ihrer Beweglichkeit behindern oder Sie mit kalorienreichen Soßenflecken auf der Krawatte bedrohen. Der Spaghetti-Esser von Welt rollt seine Nudeln in geringer Stückzahl auf die Gabel und nimmt allenfalls einen Löffel als Wickelhilfe.

Spaghetti sind übrigens ein besonders ungünstiges Gericht, wenn es um das Essen im Rahmen eines Vorstellungsgesprächs geht. Auch wenn Pasta Ihre Lieblingsspeise ist – verzichten Sie lieber darauf, es könnte sonst schiefgehen mit dem neuen Job. Essen Sie besser Gnocchi, falls Sie nicht vorher ausgiebig bei Ihrem Lieblingsitaliener geübt haben.

DER SPARGEL ZEIGT NACH LINKS

Das Stangengemüse darf erstaunlicherweise mit der Hand gegessen werden, auch wenn heutige Messerklingen beim Zerschneiden des faserigen Gemüses in der Regel nicht mehr oxidieren. Besonders vorteilhaft dürfte aber ein Spargelesser mit seiner Stange in der Hand bei Tisch kaum wirken. Darüber hinaus gilt im Zusammenhang mit Spargel die scheinbar zwangsneurotische Bestimmung, dass die Spitzen auf dem Teller nach links zeigen müssen. Die Ursache dieser Regelung könnte sein, dass der Rechtshänder den Spargel von rechts kommend am unteren Ende besser ergreifen kann. Über eine entsprechende Anleitung, welche den Spargel für einen Linkshänder mit den Spitzen nach rechts auf dem Teller platziert, ist allerdings nichts bekannt.

DIE SUPPE AUSLÖFFELN – ABER WIE?

Um den kultivierten Verzehr von Suppen wurde in früheren Zeiten einiges an Aufwand betrieben. Legierte, das heißt gebundene Suppen wurden in tiefen Tellern, klare Brühen in eigens dafür bereitgehaltenen Suppentassen serviert, wie man sie noch heute oft als Geschirr in einer traditionsbewussten Speisegaststätte oder in Omas Schrank findet. Diese Regel ist – meist wohl aus Geschirrmangel – heute jedoch nicht mehr zwingend. Schwierigkeiten mit der Suppe ergeben sich mittlerweile in erster Linie aus dem Wunsch des Essers, sich auch den letzten Rest aus Teller oder Tasse einzuverleiben. Zum Thema Suppe wurden auch noch weitere, zum Teil ausgesprochen seltsame Direktiven entwickelt:

- Zuallererst: Pusten und in der Suppe herumrühren, damit sie sich abkühlt, ist verboten. Eine Suppe ist kein Planschbecken. Unterhalten Sie sich besser so lange mit Ihrem Tischnachbarn oder mit Ihrer Tischnachbarin, bis die Suppe die richtige Temperatur hat.
- Ist die Suppe etwas abgekühlt, so ist alles relativ einfach: Löffel eintauchen, essen, ohne zu schlürfen, und aufpassen, dass die Krawatte oder die Vorderseite des schicken Abendkleides nicht die Farbe wechselt.
- Gegen Ende der Suppenmahlzeit ist es auf jeden Fall streng untersagt, den Teller zu kippen, um besser löffeln zu können. Warum, weiß allenfalls Jean-Jaques Bouillon[1], der Erfinder der klaren Brühe.
- Überhaupt – ist die Suppe klar, so ist auch von Seiten der Tischsitten alles klar: Der letzte Rest darf aus der Sup-

1 Nein, den Herrn gab es ebenso wenig wie Henri Plumeau, den Erfinder des Federbetts, oder Didier Paraplü, den Konstrukteur des ersten Regenschirms. Bouillon ist einfach das französische Wort für Brühe und kommt von frz. bouillir (auf Deutsch: »kochen, sieden«).

pentasse getrunken werden, vorausgesetzt, keine Beilagen schwimmen mehr darin herum. Die müssen nämlich vorher ausgelöffelt werden.

- Ist die Suppe hingegen gebunden und somit trübe, so sieht es auch für den hungrigen Menschen trübe aus. Er muss alles auslöffeln, trinken ist verboten. Der Grund für diese Vorgabe könnte eventuell in den Gefahren liegen, welche unter der undurchsichtigen Oberfläche der Brühe lauern. Vielleicht ein lebensgefährlich geformter Ohrring der Köchin? Oder gar ein Suppenhai?

KÖPFEN ODER NICHT? – EIER ESSEN LEICHT GEMACHT

Ein beliebter Knigge-Irrtum führt auch heutzutage immer noch zu der häufig zu hörenden Annahme, dass man Eier nicht mit dem Messer »köpfen« darf. Da die heutigen Messer nach dem Kontakt mit Eiweiß in der Regel nicht mehr anlaufen, ist es mittlerweile jedoch erlaubt, die Eier mit dem Messer aufzuschlagen. Doch auch die Methode, das Frühstücksei mit den Fingern von der Schale zu befreien, ist nach wie vor durchaus akzeptabel.

NIMM MICH, BRICH MICH, SCHMECK MICH! – BROT UND BRÖTCHEN

Backwaren werden nach den Regeln des guten Benehmens bei Tisch nicht mit dem Messer geschnitten, sondern mit der Hand gebrochen. Das war in vergangenen Tagen schon so, weil noch nicht jeder ein Messer besaß. Aristokraten indessen konnten es sich leisten, Messer zu besitzen, und so wurde vom 15. bis ins 17. Jahrhundert an einer vornehmen Tafel das Brot mit besonders wertvoll gestalteten Messern zerteilt. Allerdings war es den Adligen bald unangenehm, dass sich immer mehr Bürgerliche ebenfalls Messer leisten konnten. Um nicht mit dem Plebs in eine Schublade gesteckt zu werden, entschloss man sich nun, Messer Messer sein zu lassen und das Brot wieder wie früher zu brechen. Es entbrannte förmlich ein Streit zwischen Adel und Bürgertum über den richtigen Umgang mit Brot bei den Mahlzeiten. Der Adel vertrat die Handarbeit, die Bürger plädierten für das hygienisch einwandfreiere Messer. Die Methode des Adels siegte, und daher sollten Sie Ihr Brot heute mit der Hand zerteilen – auch wenn kein blaues Blut in Ihren Adern fließt.

DIE RACHE DER SCHUPPENWESEN – VOM UMGANG MIT FISCHGRÄTEN

Zu den problematischen, ja möglicherweise lebensgefährlichen Speisen gehört Fisch, denn viele Fische haben Gräten. Wenn Sie eine solche erwischen: Bitte nicht den Finger in den Hals stecken, gleichgültig, wie schlimm die Atemnot ist! Nach den Regeln des guten Tons werden versehentlich verspeiste Gräten mit der Gabel aus dem Mund befördert – was noch zu einer Eskalation der Erstickungsanfälle führen kann, wenn man mit der Gabel zu ungeschickt ist. Halten wir also fest: Weil ein Mensch mit guten Tischsitten sein Essen niemals schlingt, kann es eigentlich auch nicht passieren, dass ihm eine Gräte in den Rachen gerät. Wenn es aber doch geschieht, greift der besagte Mensch mit gediegenen Umgangsformen zum Besteck. Mithilfe der Zunge wird die Gräte dann Richtung Lippen und von dort so elegant wie möglich auf die Gabel transportiert. Sich mit der Hand in den Rachen zu greifen, könnte nämlich ausgesprochen unschön aussehen. Eleganter ist es, seinen Kammerdiener den Notarzt rufen zu lassen oder zu sterben.

SIE BESITZEN KEINEN OLIVENLÖFFEL?

Oliven werden im feinen Haushalt nicht unschön mit der Gabel aufgespießt, sondern nur mit dem eigens dafür konstruierten und von der umsichtigen Hausfrau bereits mit der Aussteuer angeschafften Olivenlöffel zum Mund transportiert. Das könnte in der leidvollen Einsicht seine Ursache haben, dass manche Sorten Oliven sich nicht aufspießen lassen und sich penetrant durch lustiges Vom-Teller-Hüpfen gegen das Aufgespießtwerden zu verteidigen wissen. Kaum befindet sich die Olive jedoch im Mund, stellt sich dem stilbewussten Esser bald ein weiteres Problem – wohin mit dem Stein? Generell gilt hier die einfache Regel: Speisen sollten den Mund auf dieselbe Weise verlassen, wie sie hineingelangt sind. In diesem Fall sollte der Stein also elegant auf den Löffel und von dort auf den Teller befördert werden.

SCHNEIDE NIE SALAT, DENN ER IST ZU ZART!

Diese Regel existiert nicht wirklich. Könnte sie aber, denn Salat darf bei Tisch in der Tat keinesfalls mit dem Messer geschnitten werden. Wird ein Hilfsmittel benötigt, kann man zum Brot greifen – das aber auch nicht mit dem Messer in Berührung kommen sollte, wie wir ja bereits wissen. Sie können sich also nicht einmal eine Gabel aus Brot schnitzen … Was für ein Fiasko!

NICHT VON HINTEN DURCHFRESSEN – DAS BÜFETT

Wenn Sie sich von hinten nach vorn durch das Büfett fressen – beginnend mit der Nachspeise –, zeigen Sie allen: Ach ja, der Gastgeber hat auch einige bildungsferne Personen aus der Aldi-Fraktion eingeladen, wie sozial!

Büfetts richten sich in ihrem Aufbau normalerweise nach der Abfolge der Gänge in einem Menü: zuerst die Vorspeisen und/oder die Suppe, danach die Hauptgerichte und erst am Ende Käse und Nachspeise. In dieser Reihenfolge sollten auch Sie vorgehen, wenn Sie sich nicht blamieren wollen.

WOHIN MIT DER SERVIETTE?

Auch wenn es oft naheliegend wäre: Servietten werden weder als Taschentuch noch als Brillenputzhilfe, Schweißtuch oder Wischlappen verwendet, sondern dienen einzig und allein dazu, den Mund (natürlich auf möglichst elegante Art und Weise) von Speiseresten zu befreien. Handelt es sich um Stoffservietten, ist den meisten Menschen klar, wohin diese nach dem Essen gehören: links neben den Teller. Bei den weniger edlen Papierservietten scheint sich allerdings noch nicht überall herumgesprochen zu haben, wie damit zu verfahren ist. Auch wenn es möglicherweise nett gemeint ist, dem Kellner beim Abräumen des Tellers Arbeit ersparen zu wollen – Papierservietten werden nach dem Essen trotzdem nicht auf dem Teller zusammengeknüllt, sondern wie ihre Artverwandten aus Stoff ebenfalls links neben dem Teller platziert. Dies sieht nicht nur appetitlicher aus, sondern ist außerdem in Hinblick auf die heutzutage in den meisten Restaurants übliche Mülltrennung eine eindeutige Arbeitserleichterung für das Servicepersonal …

MIR IST DER KOPF SO SCHWER! – WOHIN MIT DEN ELLENBOGEN?

Ellenbogen sollen nicht auf dem Tisch abgestützt werden, so lautet die allgemeine Maßgabe. Es gibt aber auch Menschen, die im Gespräch an der Tafel ihr schönes Gesicht so geschickt in die eine Hand und damit auf den Ellenbogen stützen, dass sie die ästhetische Qualität von Rodins »Denker« erreichen. Es sieht einfach gut aus. Andere wiederum hängen ihre unfrohe Visage so wenig ästhetisch in beide Hände, dass man gar nicht mehr mit ihnen an einem Tisch sitzen möchte. Unser Vorschlag: Wenn Sie sich mit den Ellenbogen abstützen möchten, sollten Sie dafür sorgen, dass es ein schönes Bild ergibt – testen Sie die ansehnlichste Position einfach zu Hause vor dem Spiegel.

ERST MAL KRÄFTIG NACHWÜRZEN!

Sie haben gekocht, das Essen ist serviert, die Gäste nehmen den ersten Bissen – nein, einer nicht, der greift stattdessen zum Salzstreuer und berieselt seinen Teller ausgiebig. Alle anderen essen mit Genuss, nur der Nachwürzer ist erst beim Pfeffer angekommen, er nimmt reichlich davon. Jetzt probiert er den ersten Happen, an seiner Gabel bilden sich Salzkristalle, Wolken von Pfefferstaub umwehen ihn, auf seinem Teller bäumt sich die Forelle Müllerin, zu Lebzeiten ein Süßwasserfisch, voller Verzweiflung auf. Der Esser jedoch zeigt Anzeichen von Hochgenuss und schaut triumphierend in die Runde. Nur er versteht etwas von gutem Würzen! Sie als Gastgeber dagegen haben kein ganz so gutes Gefühl wie er, weil Sie zuvor stundenlang in der Küche gestanden sind und sorgfältig Gewürze ausgewählt haben. Wahrscheinlich würden Sie ihn jetzt am liebsten vor die Tür setzen.

Fazit? Für Gäste gilt: erst probieren, nachwürzen nur im absoluten Sonderfall! Oder ein wenig abwarten, statt den Gastgeber oder die Gastgeberin durch die offensichtliche Kritik an deren Kochkünsten zu beleidigen. Er oder sie wird im Zweifelsfall schon selbst merken, dass etwas fehlt.

DARF ICH IHNEN DEN TELLER REICHEN? – GÄSTE UND KELLNER

Hilfsbereitschaft und Eigeninitiative sind durchaus lobenswerte Eigenschaften. Bei einem Restaurantbesuch können Sie mit zu viel gutem Willen aber auch in diverse Fettnäpfchen treten. Sie sollten daher auf jeden Fall respektieren, dass es in der Situation, in der Sie sich befinden, eine Aufteilung in zwei Gruppen gibt: Gäste und bedienendes Personal. Sie würden es vermutlich auch nicht mögen, wenn sich plötzlich die Bedienung an Ihren Tisch setzen und von Ihren Speisen mitessen würde. Deshalb:

- Stellen Sie keine Tische um, tragen Sie kein Mobiliar durch das Restaurant.
- Fragen Sie die Bedienung nach der Speisekarte, statt sie selbst vom Nebentisch zu holen. Dasselbe gilt für Aschenbecher und Servietten.
- Auch wenn Sie zu Hause bei Tisch immer gern zur Hand gehen: Finger weg von benutzten Tellern und Besteck, vor allem dem anderer Gäste! Sie müssen hier keine Tellerberge bauen, dem Kellner kein gebrauchtes Geschirr reichen und auch nicht die Spülmaschine einräumen. Auch, liebe Herren, wenn Sie zu Hause im Haushalt gleichwertiger Partner sind: Dem Servicepersonal müssen Sie das nicht beweisen.

GEPFLEGTE TRINKSITTEN

Nicht nur bei fester Nahrung bieten sich einige Fettnäpfchen an – auch der Konsum von Getränken beinhaltet Stolperfallen. Beginnen wir mit der richtigen Haltung des Glases: Gläser mit Stiel, man glaubt es kaum, fasst man nur mit Stil an, wenn man sie am Stiel anfasst. Stillos ist es hingegen, Wein-, Sekt- oder Cocktailgläser oben am Kelch zu ergreifen. Achten Sie einmal auf Ihrer nächsten öffentlichen Veranstaltung darauf, wie viele Menschen sich an diese Regelung halten.

Gläser ohne Stiel, wie zum Beispiel für Mineralwasser oder harte Getränke, halten Sie in der linken Hand. Das geschieht nicht, weil die linke Hand die unreine Hand ist, sondern hat seinen Grund darin, dass ein Gegenüber keine kalte Hand ergreifen muss, wenn Sie ihn mit der Rechten begrüßen. Diese Verhaltensweise vermeidet zudem hin und her schwappende Flüssigkeiten, weil Sie bei einer Begrüßung das Glas nicht von der einen in die andere Hand reichen müssen.

Als totaler Banause outen Sie sich, wenn Sie teure alkoholische Getränke in unangemessener Weise zu sich nehmen. Wer edlen französischen Rotwein auf ex kübelt oder mit Coca-Cola und Eiswürfeln mischt, verhält sich im Sinne der gepflegten europäischen Gastlichkeit völlig daneben.

Wenn Sie es lieben, Alkohol auf ex zu sich zu nehmen, sind Sie in China richtig. Dort pflegt der Gastgeber »gan bei« zu rufen, was so viel wie »trockenes Glas« bedeutet und für alle Anwesenden als Anweisung zu verstehen ist, den Alkohol im Glas augenblicklich zu vernichten.

In unserem Kulturkreis dagegen sollten Sie den blitzartigen Verzehr von hochwertigen Alkoholika möglichst vermeiden, wenn Sie nicht als Mensch ohne Kultur gelten wollen. Allenfalls in traditionellen Macho-Vereinigungen wie Studentenverbindungen oder Männerbünden mit rätselhafter Zweckbestimmung ist der Sturztrunk noch gepflegte Sitte. Notfalls können Sie sich auch mit einigen desorientierten Jugendlichen zum Komasaufen treffen.

Der Mensch von Welt hingegen genießt seine Getränke, zum Beispiel den edlen Weinbrand namens Cognac. Er wird am Tisch in ein großes, bauchiges Glas eingeschenkt, weil sich sein Aroma sonst schnell verflüchtigt.

Der geübte Trinker aus kulturell hochstehenden Kreisen schwenkt seinen mit etwa 16 bis 18 Grad Celsius temperierten, höchstens aber 20 Grad warmen Cognac leicht im Glase, prüft mit der Nase ein bis zwei Zentimeter über dem Glas das erste, flüchtige Bukett und erfreut sich vorsichtig schnuppernd daran. Alsdann examiniert er die Farbe des Getränks (als ob er dabei eine Wahl hätte) und nimmt schließlich einen kleinen Schluck, den er kauend im Mund genießt. Sogar die Zunge hat dabei ihre Aufgabe, denn sie drückt die Flüssigkeit gegen den Gaumen, was das Hochgefühl verbessern soll. Erst jetzt wird das Getränk geschluckt. Nach etwa fünf bis zehn Minuten beginnt Stufe zwei des Hochgenusses. Ein neues Bukett steigt aus dem Glas, vom Cognac-Gourmet mit Freude und der Nase erwartet.

Der Durchschnittsbürger hingegen trinkt warmen Weißwein und gut gekühlten Rotwein, kippt alles, was mehr als 30 Prozent Alkohol enthält, auf einen Rutsch runter und fühlt sich wohl dabei. Soll er doch.

ALKOHOL VERBINDET. WEN?

Sie haben Gäste? Verfallen Sie nicht in die ebenso beliebte wie unhöfliche Einstellung, alle unbedingt zum Mitsaufen motivieren zu wollen. Ihr Gast bestimmt, was und wie viel er trinken möchte. Wenn er Mineralwasser wählt, ist er weder ein Warmduscher noch ein Weichei, sondern vielleicht ein trockener Alkoholiker. Oder nur jemand, der der Droge Alkohol skeptisch gegenübersteht. Möglicherweise ist ihm auch bewusst, was Alkohol bei ihm oder ihr anrichtet, denn die Reaktion auf alkoholische Genüsse fällt von Mensch zu Mensch ausgesprochen unterschiedlich aus. Wer von geistreichen Getränken aggressiv werden könnte, wird in Gesellschaft einen Rauschzustand sicherlich meiden, es sei denn, er hätte noch eine Rechnung mit dem Gastgeber oder einem der Gäste offen. Auch diejenigen, die sich unter Alkoholeinfluss als Labertaschen entpuppen, sollten sich besser zurückhalten. Wer weiß, was Sie dabei so alles ausplaudern?

Volltrunkenen Gästen gegenüber sollten Sie sich entschlossen und schon wegen Ihres besseren Urteilsvermögens bestimmt verhalten. Autoschlüssel sollten konfisziert, das Alkoholopfer per Taxi nach Hause geschickt oder für die Nacht untergebracht werden. In wirklich schlimmen Fällen kann auch ein Notruf nötig sein. Verfallen Sie nicht in die Haltung: Ich trinke mit! Wenn alle besoffen sind, fällt es nicht so auf, wenn einer Mist baut … Es fällt auf, einer ist immer nüchtern.

Verhalten Sie sich am Tag danach gegenüber dem Alkoholopfer diskret und als ob nichts vorgefallen wäre. Es ist Sache Ihres alkoholisierten Gastes, gegebenenfalls das Thema anzusprechen und sich zu entschuldigen. In vielen Fällen wird die unerfreuliche Situation aber auch als so peinlich empfunden, dass man nicht mehr darüber redet. Meiden Sie vor allem doofe Sprüche in der Art: »Mein Gott, du warst ja gestern stramm wie zwanzig Donkosaken!«

Apropos Kosaken: Wie ist es um gepflegte Trinksitten international bestellt? Während man in Großbritannien das Bier warm bevorzugt und in Osteuropa und Japan den kollektiven Sturztrunk liebt, ist Alkohol in der Öffentlichkeit in den meisten islamischen Ländern ein Tabuthema. Auch wenn ein Ihnen bekannter Türke oder Araber in Ihrer Gegenwart bereits Alkohol getrunken hat, bringen Sie ihn mit einem Satz wie: »Auch einen, Achmed? Das ist doch dein Lieblingswhisky, oder?«, vor seinen Verwandten oder Landsleuten möglicherweise in Teufels Küche. Ebenso gut könnten Sie bei der Weihnachtsfeier des Rauschgiftdezernats Joints anbieten.

In China dagegen wird ständig nachgegossen, sodass Ihr Glas immer voll ist. Wer ablehnt, beleidigt den Gastgeber und gilt als Weichei.

DIE GANS WÜNSCHT KNÖDEL ZUR DAME – GASTGEBER IM LOKAL

Der Gastgeber, das ist in konventionellen Vorstellungen von gutem Benehmen die Person, die sich im Restaurant benimmt, als seien die ihn begleitenden Gäste unmündige Kinder oder schwachsinnige Idioten, die nicht dazu in der Lage sind, mit dem Personal zu kommunizieren. In zahlreichen Benimmbüchern ist dieser Umstand meist in etwa so formuliert: »Der geübte Gastgeber führt die Regie einer Einladung …«

Dementsprechend dirigiert der Gastgeber also gerne die Auswahl der Speisen und zwingt alle übrigen Gäste, ihre Wünsche an ihn und nicht an die Bedienung zu richten. Er spielt sich anschließend als der dicke Maxe auf und ordert souverän: »Die Dame möchte …, der Herr wünscht …«, als gäbe es keine sprachliche Verbindung zwischen besagter Dame und dem Kellner.

Ob Sie nun am Ende die Rechnung begleichen oder ob Sie die Einladung ausgesprochen haben, sollte jedoch keinen Einfluss auf Ihr Benehmen haben. Ersparen Sie sich die Rolle des geübten Lebemanns oder der souveränen Weltbürgerin und lassen Sie alle einfach ganz locker nach ihren Wünschen bestellen. Wenn Sie Ihre Gäste zuvorkommend behandeln wollen, so richten Sie sich in Ihren eigenen Bestellungen ein wenig nach ihnen:

- Bestellen Sie kein aufwendiges Gericht von der allgemeinen Speisekarte, wenn alle etwas von der Tageskarte gewählt haben, denn sonst müssen Ihre Gäste möglicherweise auf Sie warten, weil Ihr Gericht mehr Zeit in der Zubereitung erfordert.
- Blockieren Sie den Ablauf des Essens nicht durch die Bestellung einer Vorspeise oder Suppe, wenn alle anderen darauf verzichten und direkt das Hauptgericht wählen.
- Wenn Sie eine Empfehlung für ein bestimmtes Gericht aussprechen wollen, so tun Sie dies bitte dezent und nicht in so übertrieben schönen Farben, als wollten Sie jemandem ein krankes Pferd verkaufen.

DIE RECHNUNG SILVUPLÄÄÄ! – BEZAHLEN, ABER RICHTIG

Beim Bezahlen der Rechnung können Sie sich als Gastgeber im Restaurant besonders in einer Hinsicht voll danebenbenehmen: wenn Sie nämlich lautstark »Bedienung! Die Rechnung!« durchs Lokal trompeten. Sie erinnern alle Ihre Gäste sofort daran, wie teuer das Essen ist, das sie gerade auf Ihre Kosten genießen. Eine Geste zur Bedienung im geeigneten Augenblick genügt und erweckt keine unangenehmen finanziellen Assoziationen.

So wie hier beschrieben, sollte es definitiv nicht ablaufen:

Sie rufen: »Herr Ober, die Rechnung!«

Der Kellner erscheint daraufhin mit einem etwa 100 Meter langen Kassenbon.

Sie zücken Ihr Portemonnaie oder Ihre Brieftasche und präsentieren allen Gästen am Tisch zuerst einmal Ihre Sammlung von goldenen und platinfarbenen Kreditkarten, bevor Sie dann die Rechnung vor den Augen aller in großen Scheinen begleichen und zum Schluss noch einen letzten großen Schein als Trinkgeld obendrauf legen.

Danach nehmen Sie den Chor der Lobeshymnen entgegen, indem Sie aufstehen und sich mehrfach wie ein Star auf der Bühne verneigen.

Sagen Sie schließlich: »Peanuts, alles Peanuts! Kein Problem!«, und stecken Sie allen anwesenden Kellnerinnen 50-Euro-Scheine in den Ausschnitt.

Bitte regeln Sie das bescheidener! Nein, Sie sollen keine Sammlung am Tisch veranstalten und den Gästen auch nicht vorschlagen, das Essen selbst zu bezahlen, während Sie die Getränke übernehmen. Kommen Sie Ihren Verbindlichkeiten als Gastgeber dezent direkt am Empfang oder an der Kasse nach oder, wenn es am Tisch sein muss, ohne die Aufmerksamkeit auf sich zu lenken und ohne das Tischgespräch zu unterbrechen.

UND WO BLEIBT DIE QUITTUNG?

Wir alle brauchen Quittungen. Klar, wir alle haben Schulden beim Finanzamt, aber müssen Sie so penetrant nach einer steuerrechtlich einwandfreien Rechnung fragen, wenn Sie gerade nett mit Freunden gegessen haben? Macht das nicht Ihre Freundschaft zum betriebswirtschaftlichen Kostenfaktor? Keine Angst, in einem guten Restaurant lässt sich das zum Beispiel auch am Tag danach telefonisch regeln.

DER REST IST FÜR SIE! – TRINKGELD

Zum Schluss noch ein paar weitere Anregungen, um beim Bezahlen im Restaurant nicht ins Fettnäpfchen zu treten:

- Benutzen Sie das Trinkgeld nicht, um anderen Gästen Ihre Bonität zu beweisen! Zum einen werden die übrigen Gäste Sie als peinlichen Angeber betrachten, zum anderen zeugt es eher von einer gewissen Blödheit als von Geschäftssinn, übertrieben großzügige Geldgeschenke zu verteilen.
- Beschenken Sie den Besitzer eines Lokals nie mit Trink-

geld! Erstens verdient er meist ohnehin genug, außerdem könnte er es als Beleidigung auffassen, dass Sie ihm mit Almosen unter die Arme greifen wollen und damit annehmen, er habe seine Preise dilettantisch kalkuliert und würde daher nicht genug einnehmen, um seine Existenz zu sichern.

- Aber: Zusatzzahlungen zu den auf der Speisekarte geforderten Beträgen retten in manchen Ländern den unterbezahlten Angestellten in einem Restaurant förmlich das Leben. Wenn Sie mit dem Trinkgeld geizen, verdient zwar der schuftige und nach unseren Maßstäben ausbeuterische Besitzer der Lokalität, nicht aber der Kellner oder die Kellnerin.
- 10 Prozent Trinkgeld sind inzwischen üblich, im Ausland besser 15 Prozent. Eines der Trinkgeld-Paradiese sind die USA – vermutlich wegen der knappen Bezahlung der Angestellten in diesem Bereich.

Arbeit & *Business*

Privates gutes Benehmen ist die eine Sache. Fehlverhalten bleibt meist ohne Folge, wie man an den Erziehungserfolgen moderner Eltern, dem Umgangston in der Familie und an Millionen von auf dem Sofa abhängenden Ehemännern mit Bierflaschen und Chips erkennen kann. In der Öffentlichkeit und im Arbeitsleben hat Fehlverhalten jedoch gravierende Folgen. Das gesellschaftliche Minenfeld beginnt schon, bevor man überhaupt einen Job ergattert hat ...

KARRIEREKILLER GABELTEST

Wer glaubt, in einem Vorstellungsgespräch ginge es lediglich um den bisherigen Berufsweg und um die eigenen Qualifikationen, liegt nur zum Teil richtig. Immer mehr Personalchefs veranstalten mit ihren Kandidaten sogenannte »Gabeltests« anlässlich eines Gesprächs in einem guten Restaurant. Wer nach dem Motto »Immer locker vom Hocker« vorgeht und sich dabei vorstellt, aufgrund seiner beruflichen Leistungen könne er sich einen gewissen Spielraum im Bereich Benehmen leisten, liegt falsch. Denn wenn man die Serviette zum Naseputzen benutzt, sie nach dem Essen in die Essensreste auf dem Teller drückt, sich ganz nach Belieben bei den vielen Gabeln und Messern neben seinem Teller bedient und den Fisch mit dem Steakmesser attackiert, statt das Besteck für den ersten Gang außen zu suchen, verbaut man sich seine Möglichkeiten. Ein wöchentlicher Besuch im Sternerestaurant wird damit eigentlich zur Berufsausbildung und müsste im Falle von Arbeitslosigkeit von der Agentur für Arbeit bezahlt werden.

Nur wer zu den gesuchten Elite-Absolventen einer Hightech-

Universität gehört, könnte es sich theoretisch leisten, seine Spaghetti vom Teller zu schlürfen. In diesem Fall allerdings wird es in der Regel sowieso kein Vorstellungsgespräch mit Gabeltest geben, den entweder stellt der Arbeitgeber den Bewerber ohnehin ein – oder der Bewerber ist kein Bewerber, sondern sucht selbst Mitarbeiter für seine eigene Firma, die er dann ebenfalls mit unmenschlichen Tests an Messer und Gabel malträtiert.

WER ZUERST? – GRÜSSEN WILL GELERNT SEIN

Noch immer werden zu diesem Thema in einschlägiger Literatur alte Regeln aufrechterhalten, die in der Praxis längst überholt sind oder sich im Laufe der Zeit etwas aufgelockert haben. Tatsächlich gelten heute zwei einfache Regeln: Wer in einen Raum eintritt, grüßt die Anwesenden zuerst. Und: Wer zuerst sieht, grüßt zuerst. Im beruflichen Rahmen ist allerdings immer noch die Hierarchie zu bewahren: Der Rangniedere sollte normalerweise den Ranghöheren zuerst grüßen. Nicht empfehlenswert ist es allerdings, regelrechte Grußduelle abzuhalten und seinen Chef unbedingt vor den anderen Mitarbeitern und übermäßig auffällig zu begrüßen. Das unschöne Wort »Schleimer« wird dann zwar wegen der allgemein guten Sitten nicht ausgesprochen, schwebt aber irgendwo zwischen den Köpfen der Anwesenden. Wenn Menschen in Massen auftreten, sollte man als Mann zuerst die Damen, erst dann die Herren begrüßen. Wenn dies allerdings zu unkoordinierten Massenbewegungen oder sogar zu einer Massenkarambolage führen könnte, ist ein allgemeiner Gruß auf Distanz meist sinnvoller.

Auch die Emanzipation hat ihre Folgen: Frauen dürfen nicht wie früher bei der Begrüßung sitzen bleiben, sondern müssen sich nun ebenfalls von ihrem Platz erheben. Und sie stellen sich mittlerweile selbst vor. Was früher als Bescheidenheit und Zurückhaltung der Dame gewertet wurde, wird heute ignoriert. Frauen entscheiden selbst, auf wen sie aktiv zugehen wollen. Dadurch kommt zugleich ein neuer Aspekt hinzu: Männer und Frauen treten jetzt in derselben Liga an.

NICHT SCHÜTTELN, AUCH NICHT RÜHREN – RICHTIG DIE HAND GEBEN

Der Händedruck kann etwas über Ihren Charakter verraten. Deshalb dürfte klar sein: nicht schütteln – oder sind Sie oder Ihr Gegenüber ein Cocktail? Auch Kraftleistungen sind wenig gefragt. Aufstöhnende Grußpartner und berstende Knochen können nicht in Ihrem Sinne sein. Klar, Sie sind jemand, der zupacken kann, aber dem örtlichen Handchirurgen müssen Sie keine Arbeit verschaffen. Ein richtiger Händedruck ist nicht zu fest, aber immer noch so bestimmt, dass er als energisch begriffen wird. Der gegenseitige manuelle Zugriff dauert nicht länger als ein paar Sekunden. Und: Sehen Sie dabei weder gelangweilt an die Decke noch auf Ihre hoffentlich frisch geputzten Schuhe, sondern dem Grußpartner in die Augen.

Was ist so wichtig am richtigen Händedruck? Ein schlaffer Handschlag lässt Sie unsicher wirken und vermittelt den Eindruck, Sie litten unter mangelndem Selbstbewusstsein. Auf die Idee, dass Sie ein eher sanfter Charakter sein könnten, kommt niemand, auch wenn Sie das selbst so ausdrücken wollen. Der feste Handschlag steht entsprechend für Selbstvertrauen, aber auch für Offenheit, Aufrichtigkeit und Freundlichkeit. Gequetschte Hände dagegen werden als Zeichen von unangemessenem Dominanzstreben und von fehlender Sensibilität gesehen.

Wer gibt nun wem zuerst die Hand? Privat können Sie es machen, wie Sie wollen. Die Frage dürfte in diesem Zusammenhang kaum eine Rolle spielen. Im Berufsleben gilt immer noch: Der Ranghöhere entscheidet, wem er die Hand reichen will und wem nicht. Auch wenn sonst das alte »Ladies first« in den Köpfen vieler noch immer eine Rolle spielt, so wird im Geschäftsbereich der Vorgesetzte vor seiner Sekretärin mit Handschlag begrüßt. Im öffentlichen gesellschaftlichen Rahmen entspricht es dagegen den Regeln, wenn man genau umgekehrt vorgeht. Wenn Sie also Ihren Chef mit seiner Sekretärin im Nachtlokal treffen, wissen Sie, was zu tun ist.

Andere Länder, andere Sitten: Es wird russischen Managern nachgesagt, dass sie sich nie zwischen Tür und Angel die Hand geben. Dazu ist ihnen die Begrüßung zu wichtig. Und vergessen Sie nicht: Im arabischen Raum gilt die linke Hand als unreine Hand, weil sie zu sanitären Zwecken genutzt wird. Deshalb sollten Sie dort nie jemandem formlos die Linke anbieten, weil die Rechte gerade nicht frei ist. Dies könnte bei Ihrem Gegenüber großes Unbehagen hervorrufen.

GRÜEZI ODER BABA? – ANGEMESSENE GRUSSWORTE

Zu einem formellen Gruß gehört auch eine formelle Begrüßungsformel. Eine einfache Begrüßung mit »Hallo« ist, auch wenn dies oft vermutet wird, nicht in allen Situationen angebracht. Im Berufsleben empfiehlt es sich, mit »Guten Tag« zu grüßen, um zu vermeiden, dass der Angesprochene sich nicht respektvoll genug behandelt fühlt.

Wenn Sie sich Ihren noch unbekannten Geschäftspartnern vorstellen wollen, würde eine Begrüßung mit »Guten Tag, Helmholtz mein Name!« passen. »Hallo« bietet sich als Kurzformel an, wenn Sie nach und nach die Mitglieder einer Gruppe begrüßen, denn die Wiederholung einer stereotypen Formel dürfte wie jede Wiederholung nerven. Nach dem dritten oder spätestens vierten formellen Gruß weiß auch ein geistig nur schwach ausgestattetes Gruppenmitglied, dass Sie Helmholtz heißen.

Auch bei den Abschiedsworten ist einiges zu beachten. »Auf Wiedersehen, Herr/Frau XY!« passt – fast – überall. Mit für Sie alltäglichen, aber regional unpassenden Abschiedsworten wie »Moin«, »Tschüs«, »Bis denne«, »Ciao«, »Servus«, »Pfüa di«, »Baba« oder »Grüezi« können Sie in den unterschiedlichen Regionen im deutschen Sprachraum Verwunderung hervorrufen. Genauso versteht nicht jeder Ihren Humor, wenn Sie auf »Grüß Gott« mit »Ja, wenn ich ihn seh!« antworten.

SCHARF SIEHSTE AUS, INGETRAUT! – BUSINESS UND KOMPLIMENTE

Die Kunst des Kompliments ist nahezu ausgestorben. Zwar sondern immer mehr Menschen ungefragt Lobhudeleien und Schmeicheleien ab, aber das hat mit einem gekonnten Kompliment wenig zu tun. »Scharf siehste heute aus, Ingetraut!« hat nicht die Klasse von »Ich freue mich, gerade Ihnen Gesellschaft leisten zu dürfen!«. Wobei Ersteres manchmal durchaus ernst gemeint ist, Letzteres dagegen möglicherweise gelogen sein könnte.

Voll daneben schon im privaten Umgang sind Anmerkungen, die erotische Anspielungen und Angebote enthalten. Im Beruf bringen Sie sich damit vermutlich um Kopf und Kragen, denn kaum eine Frau (wohl die hauptsächlichen Adressaten erotischer Komplimente) möchte im geschäftlichen Umgang in der Öffentlichkeit allzu deutlich anders als in ihrer beruflichen Funktion gesehen werden. Da kann schon ein »Sie sehen heute aber gut aus!« fehl am Platz sein und berechnend wirken. Wenn Hierarchien ins Spiel kommen, wird es noch komplizierter. Es dürfte zu den erotischen Meisterleistungen gehören, als kleiner Angestellter seine Chefin anzubaggern, ohne gekündigt zu werden. Auch in der anderen Richtung – von oben nach unten – funktionieren solche Angebote nicht wirklich gut. Der oder die Vorgesetzte könnte sich ein Image als mieser Aufreißer aufbauen, der oder die Untergebene als Opportunist, wenn die Schmeichelei ohne Protest angenommen wird. Unverfänglicher und effektiver ist es im Berufsleben daher allgemein, nicht die erotischen, sondern die beruflichen Qualitäten einer Person mit Komplimenten zu bedenken.

WAS WOLLEN SIE DENN SCHON HIER? – UNERWÜNSCHTE PÜNKTLICHKEIT

Der frühe Vogel fängt den Wurm? Diese Redensart kann sich unter gewissen Umständen durchaus als Irrtum erweisen. Seien Sie daher bei privaten Einladungen im beruflichen Umfeld nicht allzu pünktlich. Worüber man sich am Arbeitsplatz oder im Büro freuen würde, das kann im häuslichen Bereich peinliche Situationen hervorrufen. Wenn die Einladung zu einem privaten Essen auf 20 Uhr terminiert ist, setzen Sie die Gastgeber unter Umständen unter Stress, wenn Sie um 19.50 Uhr auftauchen, während die Ente noch im Backofen und der Wein noch im Keller ist. Irgendetwas geht nämlich immer schief, und daher macht es nichts, wenn Sie ein paar Minuten später erscheinen. Sollten Sie peinlicherweise doch zu früh sein, bieten Sie Ihren Gastgebern wenigstens Ihre Hilfe an.

BOAH, EY, COOLE KARRE! – MITFAHR-KNIGGE

Sie kennen diese Situation: Man beschließt, während eines geschäftlichen Ereignisses den Standort zu wechseln. Sie sollen im Wagen eines Geschäftspartners mitfahren. Einfache Sache, denken Sie? Da könnten Sie sich täuschen, denn Sie sind umkreist von Fettnäpfchen, auch wenn das moderne Automobil Ihres neuen Chauffeurs selbstredend ohne Abschmieren auskommt.

Wenn Ihr Geschäftspartner Ihnen anbietet, Sie in seinem Auto mitzunehmen, hat er meist Hintergedanken, besonders dann, wenn es ein Mann ist. Er erwartet, dass Sie sein Wahnsinnsgefährt loben, auch wenn es unbequem, bretthart, bis zum Irrsinn übermotorisiert und ein solcher Spritschlucker ist, dass es ganz allein für den gefühlten Temperaturanstieg von mindestens 0,5 Grad Celsius im letzten Monat verantwortlich sein könnte. Selbst wenn Ihr Geschäftspartner fährt wie der sprichwörtliche Henker und Sie auf dem Beifahrersitz fast sterben vor Angst: Kritisieren Sie weder sein Fahrzeug noch seinen Fahrstil, sonst wird er Sie womöglich für immer hassen.

Für den Fall, dass Sie eine Frau sind: Überlegen Sie sich also sehr genau, bei wem Sie einsteigen. Und wenn dies ein Mann liest: Wie benehmen Sie sich als Fahrer, mein Herr? Sehen Sie Ähnlichkeiten? Dann sollten Sie an sich arbeiten.

Übrigens ist, entgegen einer weitverbreiteten Annahme, der Beifahrersitz nicht immer der beste Platz für einen Fahrgast im Auto. Welcher Platz als angemessener Ort für einen Fahrgast gilt, hängt vielmehr von der jeweiligen Situation ab: Bei mehreren Personen im Wagen sitzt die Person mit dem höchsten Rang normalerweise hinten rechts. Das ist vom Ein- und Aussteigen her der Luxusplatz (solange es sich nicht um einen unbequemen Kleinwagen handelt). Sollten sich nur zwei Personen im Wagen befinden, setzt sich der Fahrgast allerdings nicht auf die Hinterbank. Das gehört sich selbstredend nur, wenn Ihr Chauffeur den Wagen steuert.

Außerdem sollte ein höflicher Fahrer seinem Fahrgast natürlich beim Einsteigen behilflich sein und zum Beispiel die Tür aufhalten – gleichgültig, ob es ein Herr oder eine Dame ist.

Und zu guter Letzt: Nötigen Sie sehr große oder übergewichtige Personen bitte nicht zum Einsteigen in kleine Sportwagen (»Das geht schon irgendwie, Herr Fleischberg!«).

PROST, ICH HEISS HEINZ-HERBERT! – BETRIEBSAUSFLUG UND FIRMENFEIER

Achtung, Sie betreten ein weiteres berufliches Minenfeld! Zuallererst sei gesagt, dass das Meiden solcher Veranstaltungen sich durchaus negativ bei den Kollegen auswirken kann und es daher zum guten Ton gehört, an solchen Feiern teilzunehmen. Bei diesen auch rein arbeitsrechtlich offiziellen geschäftlichen Veranstaltungen sollten Sie Ihren Kollegen oder Vorgesetzten gegenüber allerdings auf keinen Fall »die Sau rauslassen«. Halten Sie sich mit Alkoholgenuss zurück, wenn Sie von sich wissen, dass Sie angetrunken unter Kontrollverlust leiden. Sexuelle Angebote oder erotische Komplimente an Kollegen oder Kolleginnen können nicht nur rein juristisch auch in diesen besonderen Situationen als sexuelle Belästigung bewertet werden. Auch öffentliche Äußerungen über Körperformen oder das Liebesleben gehören dazu. Denken Sie immer an Ihren Lieblingskrimi und die Formeln bei der Verhaftung: Alles was Sie sagen oder tun, kann am nächsten Tag am Arbeitsplatz gegen Sie verwendet werden.

Was trägt Mensch wann?

Dresscodes im Alltag

Früher hieß das Kleiderordnung und wurde scheinbar strikter beachtet. Wenn Sie aber glauben, heute ginge es in dieser Hinsicht lässiger zu, sind Sie nicht in allen Bereichen im Recht. Es ist einfacher und komplizierter zugleich geworden, sich richtig zu kleiden ...

DAS ASCHENPUTTEL-SYNDROM

Aschenputtel, das gute Kind, durfte nicht auf den Ball im Schloss, weil ihm das richtige Kleid fehlte. Noch heute gilt diese Form von diskriminierendem Dresscode mancherorts: Wer sich die korrekte Abendkleidung nicht leisten kann, darf nicht zum Ball, auch wenn es sich im Zweifelsfall nicht um das königliche Schloss, sondern die Veranstaltung eines Pharmaunternehmens handelt. Zur Not gibt es aber heute für die Beschaffung von Abendkleid oder Smoking eine Lösung über einen Kostümverleih – eine Möglichkeit, die Aschenputtel damals noch nicht offen stand.

SMOKING, FRACK ODER CUT? – FEIERLICHE ABENDKLEIDUNG

Der Smoking gilt in auf Benimmregeln versessenen Kreisen als lockere Form des festlichen Anzugs. Die ursprünglich für das

Rauchen im Herrenzimmer getragene Jacke, daher der Name, tritt ausschließlich in Verbindung mit Fliege und Weste auf. Von den begleitenden Damen wird ein sogenanntes Cocktailkleid verlangt.

Noch immer nicht ausgestorben ist der Frack, der glücklicherweise nur bei festlichen abendlichen Anlässen getragen wird – im Gegensatz zu den Varianten Cutaway, Cut oder Stresemann, die korrekterweise nur tagsüber getragen werden dürfen, und zwar bis exakt 18 Uhr. Zum schwarzen Frack gehört eine weiße Weste (nicht unbedingt im übertragenen Sinne) und eine ebensolche Fliege. Die zugehörige Hose hat keinen Gürtel. Sogar die Strümpfe sind vorgeschrieben, sie müssen wie auch die entsprechenden schnürsenkellosen Lackschuhe schwarz sein. Damen begleiten den Herrn im Frack im langen Abendkleid. Die meisten Menschen dürften in ihrem Leben allerdings nur selten in eine Situation kommen, in der Frack und Abendkleid gefragt sind.

MÄNNER IN KURZEN HOSEN

Sie sollten sich darüber im Klaren sein, dass Ihre Stoppelbeine in manchen Situationen unangemessen wirken können. Wenn Sie zu den wild gemusterten Bermudas noch Tennissocken und Sandalen tragen, stellen Sie im Inland virtuos den stereotypen geschmacklosen Mann dar, während Sie im Ausland als der absolut perfekte typische Deutsche erkannt und gewürdigt werden. Etwas mehr Stil bitte, auch wenn es heiß ist, meine Herren!

MÄNNER »OBEN OHNE«?

In gewissen Kreisen gilt es nach wie vor als unschicklich, kein Jackett oder das Jackett offen zu tragen, auch wenn sich im Hochsommer die Temperaturen dem Schmelzpunkt von Blei nähern. Noch immer regiert in größeren Firmen das eiserne Gesetz: Tragen Sie das Jackett im Stehen stets geschlossen, und legen Sie es erst dann ab, wenn es auch Ihr Chef tut. Auf einem öffentlichen Empfang oder einer Feier warten Sie entsprechend, bis der Gastgeber fast einen Hitzschlag erleidet und sich selbst durch Verzicht auf die überflüssige Oberbekleidung gerade noch retten kann.

Nicht nur in Europa ist das Jackett noch immer groß in Mode. Wer in den Vereinigten Staaten in einem erstklassigen Hotel wohnen oder in einem Restaurant gehobener Qualität speisen möchte, sollte sein Sakko nicht vergessen. Wer in Jeans erscheint, erntet entweder böse Blicke oder wird freundlich, aber bestimmt abgewiesen. Schon am frühen Morgen, nämlich am Frühstücksbüfett, legt man Wert auf gepflegte Kleidung der Herren, wobei man dies an der Westküste ein wenig lockerer sieht als an der Ostküste.

MINIRÖCKE UND MOSLEMS

Religion und Kleiderordnungen haben seit Jahrhunderten eine enge Verbindung. Offensichtlich scheinen zwar weniger die jeweiligen Gottheiten, umso mehr aber ihr Bodenpersonal auf die sorgfältige Verpackung körperlicher Reize versessen zu sein. Minimale Stoffansammlungen um die weiblichen Hüften verursachen nicht nur in muslimischen Ländern in der Öffentlichkeit Aufruhr.

Ähnliche exhibitionistische Erfolge können Sie in diesem oder jenem Kulturkreis mit Stringtangas oder FKK-Auftritten am Strand verbuchen. Zur Schau gestellte nackte Beine oder offenherzige Tops erzielen auch in katholischen Ländern Europas beim Besuch in christlichen Kirchen ähnlich aggressiv aufgeladene Effekte. Bedenken Sie das bei der freien Ausübung Ihrer textilen Persönlichkeitsrechte. Mehr kann manchmal auch weniger bedeuten – weniger Ärger.

No brown in town! – Business-Dresscode

Wussten Sie eigentlich, dass es im Business-Bereich noch immer beziehungsweise schon wieder einen ausgesprochen elaborierten Dresscode gibt, dessen Ausprägungen sich mit den scheinbaren Lockerungen in den Verhaltensnormen immer komplexer gestalten? Halten Sie Kleidervorschriften wie die Regel »No brown in town«, die besagt, dass in vielen Bereichen des geschäftlichen Lebens warme Brauntöne verpönt sind und die kalten, dunklen Farben dominieren sollen, für überholt? Dann sollten Sie sich, um weitere Irrtümer zu vermeiden, dringend einen ausführlichen Überblick über die gültigen alten und neuen Bekleidungsregeln im Büro verschaffen.

BUSINESS WEAR – MODETIPPS FÜRS BÜRO

Für die sogenannte »Business wear«, die Kleidung, die im Büro getragen wird, gelten in den meisten Branchen noch immer folgende Regeln:

- Anzug und Krawatte sind für Herren Pflicht. Auch wenn es im Sommer heiß ist, dürfen die armen Geschäftsmänner nicht auf die Jacke oder die Krawatte verzichten.
- Die Dame trägt Kostüm oder Hosenanzug. Auch sie hat, unabhängig vom Klima, die Form zu wahren.
- Je dunkler die Farbe der Kleidung, desto höher die Position im Unternehmen. Der Assistent der Geschäftsleitung darf also keinesfalls einen dunkleren Anzug tragen als der Chef, wie er auch keinen größeren Wagen fahren darf, auch wenn er von Haus aus wohlhabend ist.

- Je feierlicher der Anlass, desto dunkler und kühler die Farbwahl. Braun oder andere, auffällige Farben sind ein Tabu.
- Verboten für Männer: zu kurze oder zu lange Hosen, Socken, die zu viel Bein zeigen, Socken mit Muster oder Ringelsocken, protziger Schmuck, Angeber-Uhren, Comic-Krawatten, kreative Langhaar-Frisuren, Dreitagebärte oder andere Gewächse im Gesicht, Körpergeruch.
- Verboten für Frauen: aggressives Make-up, Miniröcke, keine oder Netzstrümpfe, transparente Blusen, zu tief ausgeschnittene Dekolletés, High Heels oder Sandalen, ungepflegte Hände und Fingernägel, behaarte Körperteile und Körpergeruch.

SMART CASUAL WEAR – SPORTLICH UND LEGER?

Bei weniger formellen Anlässen kann statt »Business wear« sogenannte »Smart casual wear« getragen werden, die sportlich-elegante Variante der Bürokleidung. Das bedeutet, dass

- für die Herren auch hellere Anzüge infrage kommen und die Krawatte weggelassen werden darf.
- Die Damen dürfen statt der sonst verbindlichen Bluse auch ein T-Shirt oder andere Tops zum Kostüm oder Hosenanzug tragen.

CASUAL WEAR – FREIZEIT IM BÜRO?

»Smart casual wear« ist bei lockeren Zusammenkünften mit geschäftlichem Hintergrund angesagt. Noch formloser (beziehungsweise *scheinbar* formloser) geht es zu, wenn Freizeitkleidung getragen werden darf, die dann »Casual wear« genannt wird. Aber auch hier ist längst nicht alles erlaubt, was gefällt, denn es wird immer noch eine gewisse Eleganz vorausgesetzt.

- Lassen Sie also die Tennissocken, die Jesuslatschen und die schrillen Bermudas im Schrank. Immerhin gilt die Regel »No brown in town« hier nicht mehr, doch sollte man sich mit schockierenden Farben weiterhin zurückhalten.
- Erwartet wird für Herren zum Beispiel eine Sakko-Hosen-Kombination mit einem T-Shirt oder Polohemd darunter. Wenn es heiß ist, kann das Sakko entfallen, ein locker über die Schulter geworfener, farbiger oder unauffällig gemusterter Baumwollpullover kann es ersetzen.
- Die weibliche Fraktion zeigt sich in Rock und Jacke mit passendem T-Shirt.

CASUAL FRIDAY – WIE MAN SICH FREITAGS KLEIDET

Eine amerikanische Besonderheit stellt der sogenannte »Casual Friday« dar. Sozusagen in Vorbereitung des kommenden Wochenendes erscheint man in Freizeitkleidung im Büro, damit man nach Dienstschluss direkt auf den Golfplatz fahren kann. Das bedeutet auch hier nicht den völligen Verlust aller Kleidungsnormen, sondern lediglich, dass Freizeitanzüge ohne Krawatte oder auch Jeans erlaubt sein können.

WIE DUNKEL MUSS EIN DUNKLER ANZUG SEIN?

Eine Ansage in puncto Kleidung zu geschäftlichen Terminen könnte lauten: »Erscheinen Sie bitte in einem dunklen Anzug.« Die Annahme, dass hier jede dunkle Farbe angemessen sei, ist jedoch irreführend. Mit diesem Dresscode ist ein Anzug gemeint, der entweder in Anthrazit oder in Dunkelblau gefärbt sein sollte, sonst nichts. Unausgesprochen gehört ein einfarbiges, am besten weißes Hemd mit Manschettenknöpfen ebenso dazu wie gut geputzte, schwarze Schuhe. Frauen tragen ein ebenfalls dunkles, elegantes Kostüm oder ein entsprechendes Kleid.

BUSINESS-DRESS ODER STRAND-OUTFIT?

Sie können den Bekleidungsvorschriften, zum Beispiel denen des Business-Dresscodes, folgen oder nicht – das steht Ihnen frei. Wenn Sie ihnen aber nicht folgen, ist es keineswegs gleichgültig, was Sie tragen. Sie müssen sich darüber im Klaren sein, dass Sie mit jeder Kleidung eine Aussage über Ihre Person treffen. Zuallererst eine globale, die Firmenzugehörigkeit betreffend: Ich bin keiner von den Sklaven des Konzerns oder nehme eine besondere Position ein.

Was Sie tragen, will – je nach Situation und Rolle – gut überlegt sein. Wer irgendwo, ganz gleich wo, in geschmackloser Freizeitkleidung mit Badeschlappen an den Füßen erscheint, muss sich nicht wundern, wenn ihm Ignoranz und geistige Abwesenheit unterstellt werden.

Wenn Sie es bevorzugen, Kleidung »nach Ihrem ganz persönlichen Stil« zu tragen – Sakko, T-Shirt, coole Brille, alles in Schwarz –, wie es beispielsweise viele Freiberufler gerne tun, so ordnen sie sich in den meisten Fällen wieder nur in eine andere Abteilung des Dresscodes ein. Es ist nicht einfach, unabhängig von bestehenden, teilweise sehr komplexen Normen seinen eigenen Stil zu finden. Frauen haben es übrigens einfacher als Männer, weil die Mode ihnen weitaus mehr Wahlmöglichkeiten anbietet.

Kleiner Exkurs: *Der Urmensch in uns lebt*

Schon in der Steinzeit gab es Probleme mit dem guten Benehmen, die zum Beispiel folgendermaßen aussehen konnten: Grunze ich mein feindliches Gegenüber zuerst grüßend an und ziehe ihm dann die Keule über den Kopf oder umgekehrt? Leider überlebten zumeist die Steinzeitmenschen, welche sich diese Frage überhaupt nicht stellten, und vielleicht noch ein geringer Prozentsatz von denen, welche sich zwar Entsprechendes fragten, sich dann aber für die letztere Variante entschieden. Das hat bis heute Folgen.

DER GENTLEMAN ZIEHT ES VOR AUSZUSTERBEN – GENE UND IHRE WEITERGABE

Unsere animalische Seite liegt nach wie vor unter einer dünnen, brüchigen Schicht von erlernten Mustern und Regeln des Wohlverhaltens, die wir für unsere Hochkultur halten. Nur allzu oft regieren Angst oder Aggression unser Handeln, wenn wir die Regeln des guten Tons außer Acht lassen (müssen). Höflichkeit und geschliffene Manieren helfen nur selten weiter, wenn es um existenzielle Fragen geht. Der Gentleman, der auf der sinkenden Titanic am Rettungsboot der Dame hinter ihm mit den Worten »Bitte nach Ihnen!« den Vortritt ließ, kam aus naheliegenden Gründen äußerst selten vor. Sollte bei ihm und seinesgleichen die Höflichkeit genetisch bedingt gewesen sein, so werden diese Herren seltener als andere die Möglichkeit gehabt haben, ihre Gene weiterzugeben. Die anderen, nämlich die von Angst und Aggression gesteuerten, werden vermutlich die effektivere Strategie gelebt haben. Schade eigentlich, aber unbestreitbar lebenstauglicher.

WIE NAH IST ZU NAH? – DISTANZZONEN

Es gibt einige quasi selbsterklärende »Benimmregeln«, die nicht im sozialen Zusammenleben erworben werden und sich nicht erst im Laufe der menschlichen Geschichte entwickeln mussten. Sie gehören sozusagen zu unserer instinktiven Ausstattung. Wir verdanken sie also zumindest prinzipiell unserer tierischen Natur. Die Distanzzonen gehören zu den wichtigsten: Uns umgeben – unsichtbar – eine Reihe von konzentrischen Kreisen, mit denen es eine ganz besondere Bewandtnis hat. Man könnte sie auch als abgestufte Fluchtradien bezeichnen.

Der äußere Kreis, die sogenannte *öffentliche Zone*, beginnt in einer Entfernung von etwa 3,60 Metern und endet irgendwo hinter dem Horizont. Wenn unsere Mitmenschen diese Distanz – besagte 3,60 Meter – nicht unterschreiten, können sie sich relativ frei bewegen. Was sie da draußen tun, ist uns eigentlich gleichgültig.

Wenn sie uns aber näher als diese 3,60 Meter kommen, betreten sie die sogenannte *soziale Zone*, die bei einem Abstand von 1,20 Metern endet. In dieser Distanz wickeln wir unsere Geschäfte ab, reden unbefangen mit Fremden, Verkäufern im Laden oder Beamten am Schalter.

Wer uns noch näher kommt, verletzt die *persönliche Zone* zwischen einem Meter und 60 Zentimetern Abstand. Sie ist der Bereich, in dem eine distanzierte Begrüßung stattfindet, und wird von unseren Freunden und im Beruf von Kollegen bevölkert.

Unter 60 Zentimeter Entfernung liegt die *intime Zone*, der Ort, den nur Lebens- und Liebespartner, engste Freunde oder Familienmitglieder aufsuchen sollten.

Dies gilt jedoch nur für die meisten europäischen Länder – in anderen Gegenden rückt man sich deutlich näher auf die Pelle. Am häufigsten wird die eine oder andere dieser Zonen bei einer übertrieben herzlichen Begrüßung verletzt, weil auch die Geschwindigkeit der Annäherung von Bedeutung ist. Geben Sie auch beim Grüßen Ihrem Gegenüber Zeit, sich an Sie zu gewöhnen.

Er & sie – vom Umgang mit dem anderen Geschlecht

Angestrebte oder tatsächliche Nähe verlangt den Menschen einiges ab. Nirgendwo treffen verschiedene Wesensarten und Charaktere so intensiv aufeinander wie in einer liebenden Verbindung, und nirgendwo kracht es derartig folgenreich wie in einer Zweierbeziehung. Aber auch in anderen Bereichen, wie zum Beispiel im beruflichen Kontext, kann es zu Differenzen zwischen Männern und Frauen kommen, wenn bestimmte Grundregeln nicht beachtet werden. Gut, wenn es bei dieser Art von Verkehr zwischen den Geschlechtern eine Art Straßenverkehrsordnung gibt …

WIE DU MICH ANMACHST, SO SCHALLT ES HERAUS

Attraktiv, wie Sie sind, haben Sie es sicher nicht einfach, sich vor erotischen Angeboten zu retten. Begeben Sie sich aber gerade in der Liebe bitte nicht auf das Glatteis schlechten Benehmens, sondern bemühen Sie sich um die perfekte Form, auch wenn von einer Beziehung noch nicht die Rede sein kann. Ein »Verzieh dich, Aufreißer!« bei einem ersten Kontakt enthüllt eventuell mehr über Ihre eigene Person, als Ihnen lieb sein kann. Andererseits gehört auf einen groben Klotz ein grober Keil. Wer Angebote mit sexuellen Anspielungen unterbreitet, muss sich über Entgegnungen gleichen Kalibers in Wort und Tat nicht wundern, und eine allzu zarte Reaktion könnte missdeutet werden. Sie schaffen das schon mit der richtigen Intensität!

AM BESTEN WEGSCHAUEN – DEKOLLETÉS UND GUTES BENEHMEN

Der weibliche Oberkörper, insbesondere die Brüste, werden unter dem Aspekt des korrekten Benehmens ausgesprochen zwiespältig gesehen. Als die Kanzlerin einst mit gewagtem Ausschnitt auftrat, zerrissen sich Journalisten die Mäuler, und es hagelte Kritik – aber auch begeisterte Zustimmung. Darf die führende Politikerin der Bundesrepublik Deutschland sich so exponieren oder muss ihr Busen Privatsache bleiben? Auf eine Forderung nach mehr Emanzipation in diesem Bereich wartet die Nation noch, denn die männliche Variante wäre wohl Guido Westerwelle im Netzhemd …

Paradiesische Zustände für Männer herrschten in der guten alten Zeit, denn noch in der Renaissance soll es selbst Fremden erlaubt gewesen sein, den weiblichen Busen zu berühren. Diese Geste galt sogar als Kompliment und Ehrerweisung.

Den normalen Bürger männlichen Geschlechts stellt ein ausladendes Dekolleté auf einer öffentlichen Veranstaltung oder Feier heute allerdings unter Umständen vor einen Zwiespalt. Einerseits zeigen Frauen da freizügig, was im Angebot ist, andererseits dürfen Männer nicht allzu genau hinschauen, weil dies als äußerst ungehörig gilt. Auch verbale Äußerungen zu diesem Thema sollte man(n) sich verkneifen. Auf Veranstaltungen im beruflichen Rahmen können allzu direkte Komplimente sogar als sexuelle Belästigung gewertet werden.

DER TREPPENWITZ – MANN ODER FRAU ZUERST?

Eine ziemlich schmutzige Fantasie könnte in vergangenen Zeiten die Ursache für die Forderung gewesen sein, dass der Mann eine Treppe als Erster in Angriff nehmen musste, obwohl er sonst immer hinter der Frau zu gehen hatte. So sollte er zum Beispiel beim Einsteigen ins Auto nach dem Öffnen des Schlages hinten herum zügig auf seine Seite verschwinden und ihr auch sonst nie ohne Grund vor der Nase herumtanzen. Im Krisenfall Treppe musste er aber umgekehrt handeln, denn sonst hätte er ihr womöglich unter den Rock schauen können. Gönnte man ihm anno dazumal nicht einmal den Anblick ihrer Fesseln unter den auf der Treppe gerafften Röcken, so bekommt er von Frauenkörpern heute definitiv mehr zu sehen, und zwar nicht nur auf Pornoseiten im Internet.

Vielleicht ließ diese Einsicht die Regel schließlich ins Wanken geraten. Der Mann darf mittlerweile von Stockwerk zu Stockwerk hinterhergehen, und das vor allem auch unter dem Aspekt, dass er der Frau im Falle eines Sturzes helfen könnte: Frau stürzt, Mann fängt sie auf. Der umgekehrte Fall hingegen ist keine schöne Vorstellung: Der Mann geht zuerst, kommt ins Straucheln, fällt auf die Frau und walzt sie nieder …

Also, damit das klar ist: Der Mann geht auf der Treppe hinter der Frau, schon aus Sicherheitsgründen. Die Treppe hinunter ist es wieder andersherum. Sie wissen jetzt, warum.

LASS MAL STECKEN, ICH MACH DAS SCHON! – WER ZAHLT?

Bei einem Restaurantbesuch spüren die meisten Männer irrtümlicherweise noch immer den Impuls, zum Portemonnaie zu greifen, wenn es nach dem gemeinsamen Essen ans Zahlen geht. So war es früher, der Gentleman lud immer die Dame ein und regelte auch die finanzielle Seite. Da gab es kein Vertun. Vielen, besonders älteren Männern fällt es daher noch immer schwer, sich von einer Frau einladen zu lassen, auch wenn dies mittlerweile gesellschaftlich völlig akzeptiert ist.

Die Bezahlung der gemeinsamen Rechnung durch den Mann kann in gewissen Fällen sogar geradezu unhöflich wirken, da Frauen es unangenehm finden können, wenn ganz selbstverständlich angenommen wird, dass sie nicht selbst zahlen wollen oder können.

Für beide Geschlechter gilt: Wenn Sie jemanden einladen oder sich einladen lassen, sollte folgende Reaktion nicht auftreten: Der eingeladene Gast sollte sich nicht verpflichtet fühlen, seinen Gastgeber nun auch selbst wieder einzuladen. Das kann sich irgendwann in der Zukunft zufällig ergeben, ist aber keine Verpflichtung.

Umgekehrt sollte der Gastgeber auch keine Gegeneinladung erwarten. Die Gefahr, dass gewisse Schnorrer von dieser großzügigen Regelung zu profitieren versuchen, besteht wohl nicht. Es wird sich schnell herumsprechen, wenn sich jemand immer nur auf der Seite des Gastes befindet, statt selbst einmal eine Einladung auszusprechen.

DARF ICH HELFEN? – HILFLOSE FRAUEN UND HÖFLICHE MÄNNER

Noch vor wenigen Jahren wurden gewisse Formen der Höflichkeit von Männern gegenüber Frauen als das erkannt, was sie in der Tat oft sind: Unterdrückungsmechanismen. Merkwürdigerweise haben heute immer mehr »emanzipierte« Frauen die Aufmerksamkeit für die Bedeutung dieser Gesten verloren und lassen sich wieder gerne für zart und hilflos halten und von Männern bedienen, beschützen und umsorgen. Indem sie sich jedoch in den Mantel helfen lassen und Männer lieben, die vor ihnen Türen aufreißen, akzeptieren sie eigentlich ein vollkommen überkommenes Verhalten. Es stammt aus Zeiten, als Frauen körperlich und geistig den Männern unterlegen zu sein hatten und in die Küche oder bestenfalls ins Ehebett gehörten. Ein klares »Das schaffe ich auch allein!« wäre in vielen Fällen die bessere Antwort als »Vielen Dank!«. Aber bequem ist es halt, oder?

DER GRIFF ZUM SCHWERT IM EHEBETT

Links oder rechts? Hier zeigen sich die wahren Fragen der Partnerbeziehung: Wer schläft im Ehebett auf welcher Seite? Spontan wählen Männer die linke Seite, vom Fußende aus betrachtet. Das soll die Ursache in der etwas antiquierten Tatsache haben, dass der Mann in dieser Position besser mit der Rechten zum Schwert greifen konnte, wenn Gefahr im Anzug war – in Billigmotels auf deutschen Autobahnraststätten also ein sehr sinnvolles Verhalten. Leider fehlt das Schwert meistens im Reisegepäck.

Kurioserweise werden Männer auf Friedhöfen im Doppelgrab ebenfalls auf genau derselben Seite beerdigt, obwohl ihnen in dieser Situation der Griff zum Schwert schwerfallen und kaum noch etwas bringen dürfte.

Hieb- und Stichwaffen bestimmten auch darüber, welche Seite der Mann bei einem Spaziergang einzunehmen hatte: ebenfalls die linke. Der Degen, gewöhnlich links getragen, hätte sonst der Frau gegen die Beine schlagen können. Doch auch in degenlosen Zeiten wird in manchen Kreisen die rechte Seite weiterhin als Ehrenplatz gesehen. Im politischen Umfeld gilt beispielsweise immer noch, dass der Gast auf der rechten Seite des Gastgebers gehen sollte.

Unser Vorschlag fürs Alltagsleben: Es entscheidet über den jeweils richtigen Platz im Bett oder im Stadtpark, wer in der Beziehung die Hosen anhat.

Im Mittelalter glaubte man übrigens, dass der Tod nur von rechts ans Bett treten würde, vermutlich, weil er dann besser mit der Sense ausholen konnte. Aber da schlief man auch im Sitzen, weil die Position des Liegenden allzu sehr der eines Toten ähnelte – Probleme des Mittelalters, gegen die Ihr Links-rechts-Konflikt lachhaft wirkt.

Kulturelle *Katastrophen*

Wenn es um Hochkultur geht, erwarten Ihre Mitmenschen bestimmte Verhaltensweisen von Ihnen. Nicht immer zu Recht und nicht immer aus der Qualität der kulturellen Leistungen motiviert, die Sie und Ihre Zeitgenossen gemeinsam konsumieren. Manches läuft als leeres Ritual ab, mancher Bildungsstatus ist hohle Fassade, wie immer wieder dokumentiert wird, wenn kulturbeflissene Bürger mit satirischen Mitteln aufs Glatteis geführt werden. Ein gelungenes Beispiel dafür ist Hape Kerkelings beliebter »Hurz!«-Sketch, eine Parodie auf neue Dichtung und Musik, die mit dem lauten und unvermittelten Ausruf »Hurz!« endet, der das kulturinteressierte Publikum eigentlich wecken müsste …

APPLAUS? WANN? WO? UND – WARUM?

Autoren von Benimmratgebern schreiben Ihren Lesern gerne vor, wie man sich als Zuschauer in Theater oder Oper zu verhalten hat, was das Händeklatschen angeht. Das Publikum soll am Ende des Stückes heftig applaudieren, während es mit Szenenapplaus zu sparen hat. Zügeln Sie also Ihre Spontaneität, was Ihre Zustimmung zum aufgeführten Kunstwerk und die damit im Zusammenhang gebrachten Beifallsäußerungen angeht. Auch gilt Pfeifen und Grölen als ordinär und eher als verpönt, obgleich es bei einigen Darbietungen moderner Inszenierungen die einzige sinnvolle Reaktion sein kann …

Auch wenn Ihnen diese durchaus etwas kuriose Vorstellung von reglementierter Begeisterung nicht ganz behagen sollte, ist es sicher ratsam, seine Beifallskundgebungen im Falle einer gelungenen künstlerischen oder sportlichen Darbietung der Situation anzupassen. Zu konzertanten Musikdarbietungen wie Opern oder Sinfonien passen weder rhythmisches Klatschen noch Mitsingen im Chor, während auf dem Fußballplatz Da-capo-Rufe nach einem Treffer zum dominierenden Alleinstellungsmerkmal werden dürften. Gleichgültig, an welchem Ort Sie sich also befinden: Jubeln Sie bitte angemessen!

DAS THEATER UM DEN BESUCH IM THEATER

Das Besondere braucht einen besonderen Rahmen, denkt der Bildungsbürger. In den Tempeln der Hochkultur gelten die Regeln des guten Tons noch weitgehend ungebrochen. Männer, die sich in der kulturellen Szene anständig benehmen wollen, sollten also möglichst ohne jeden Anflug von Reflektion der Rollenbilder den Damen aus dem Mantel helfen, ihnen generell den Vortritt lassen und sich auch im Übrigen so verhalten, als sei das Biedermeier noch nicht ganz abgeschlossen.

Andere Verhaltensratschläge aus dem Fundus des guten Tons für Schauspiel oder auch Konzert: Gehustet wird draußen! Verlassen Sie also umgehend den Saal, wenn sich derartige Krankheitserscheinungen zeigen.

Die naheliegende Lösung bei Erkältungskrankheiten: Bleiben Sie bei sich ankündigender Erkältung besser zu Hause, um die künstlerische Darbietung nicht zu stören. Vermutlich können Sie den kulturellen Verlust ohnehin verschmerzen.

WIE PROVOKANT! – DIE AVANTGARDE UND IHRE REGELN

Ja, aber wer zur kulturellen Avantgarde gehören will, muss dennoch die gültige Hochsprache des guten Benehmens beherrschen, denn es war in der Vergangenheit und ist heute immer noch gerade deren Verletzung oder sogar der Tabubruch, der den Avantgardisten als solchen legitimiert. Also: Benimmregeln zuerst kennen, dann ignorieren, daraufhin in der Kulturszene Karriere machen und so weiter …

Trend kontra *gute alte Zeit* – Etikette im Wandel

Gewohnheiten und Verhaltensweisen ändern sich mit der Zeit. Häufig verschwindet ein bis dahin alltäglich geübtes Verhalten quasi über Nacht, wie zum Beispiel das Lüften des Hutes beim Gruße – einfach mangels Hut. Fast niemand mehr steckt sich die Serviette in den Kragen, um seine Kleidung zu schützen. Auch wenn Sie bei Tisch »Guten Appetit!« sagen, beweisen Sie mangelnde Etikette: Solche Gewohnheiten sind – wenn überhaupt – nur noch im familiären Rahmen üblich.

Über fremde Sitten macht man sich oft lustig, wie zum Beispiel über den sozialistischen Bruderkuss oder die überaus herzlichen Begrüßungs- und Abschiedsrituale der Franzosen. Doch unerwartet, man weiß nicht wie, wird etwas gestern noch Undenkbares in der ganzen Breite der Gesellschaft gegenwärtig, wie eben der französische Begrüßungskuss. Und manchmal steigen längst vergessene Bräuche aus dem Dunkel vergangener Tage wieder auf.

Hin und wieder finden sich in der kulturellen Entwicklung der Menschheit jedoch auch neue Verhaltensweisen, die einer regelnden Übereinkunft bedürfen. In den letzten Jahren waren diese Änderungen zum großen Teil von neuen Technologien bedingt, die über uns hereinbrachen.

Und so steht der kultivierte Mensch von heute vor der Herausforderung, sich immer wieder auch neue Sitten aneignen zu müssen, sei es weil diese sich aufgrund von technischen Neuerungen ergeben oder weil längst überkommen geglaubte Umgangsformen auf einmal wieder modern werden.

AKKOLADE – WAS IS 'N DAS?

Sie wussten es sicher – das ist der angedeutete Wangenkuss bei der Begrüßung, wobei der Schwerpunkt auf *angedeutet* liegt. Es gibt Menschen, die den ehrlichen Handschlag vorziehen und sich beim Begrüßungskuss in manchen Kreisen an einen gewissen Judas erinnert fühlen. Gut, ganz Süd- und Osteuropa küsst von alters her, und mittlerweile küssen sich in Deutschland sogar ostfriesische Kegelclubs in Eckkneipen und verklemmte Bankangestellte in Freiburg, wenn auch nur privat und etwas zaghaft. Was nicht das Schlechteste ist, denn egal ob Sie den Kuss auf die Wangen links und rechts einmal ausüben oder gleich mehrfach, eines sollten Sie vermeiden: die Berührung der Wangen mit den Lippen. Auch feuchte Entgleisungen sollten Sie sich sparen, wenn Sie als Experte in Sachen Wangenküsse gelten wollen.

GEKONNTER HANDKUSS ODER SCHLEIMATTACKE?

Zuletzt sah man ihn in den kitschigen Filmen der Fünfzigerjahre, dann wurde er zum Einzelfall: der Handkuss, der unter anderem durch die veränderte Frauenrolle zum Rückzug gezwungen wurde. Bis heute, denn hin und wieder taucht er auch jetzt noch einmal auf. Möglicherweise zunächst als Aufheiterung einer steifen Veranstaltung gemeint, beeindruckt er dennoch das anwesende Publikum. Wenn Sie als Kavalier alter Schule gelten wollen, können Sie diesen nahezu fossilen galanten Gruß zur Anwendung bringen. Wichtig dabei sind folgende Punkte: Schauen Sie der Begrüßten in die Augen, nicht auf die Hand oder ins Dekolleté! Und vermeiden Sie eine tatsächliche Berührung Ihrer Lippen mit der Hand! Schon gar nicht darf eine Übertragung von Körperflüssigkeit in Form von Speichel stattfinden. Sonst wird die Dame Ihrer Wahl Sie höchstens als eine Art sabbernden Köter in Erinnerung behalten und nicht als Gentleman, der Sie ja wohl sein wollen.

Die nächsten Stufen Ihrer nostalgischen Rückbesinnung auf alte Gepflogenheiten könnten die gekonnte Verbeugung mit geschwenktem Hut und der vor dem zarten Fuß der Dame in die Pfütze geworfene Mantel sein. Denkbar, dass Sie bei einer solchen Gelegenheit auf drei mysteriöse Herren treffen, die Aramis, Porthos und Athos heißen …

KLINGELTÖNE UND ANDERE SCHRECKEN

Ganz neue Herausforderungen an das gute Benehmen stellt der Umgang mit den modernen Handys. Zuerst gab es gar keine gültigen Absprachen, und eigentlich war es so, dass sich alle ärgerten: die mit den ersten Handys über ihre technologiefeindliche Umgebung, und die ohne Handy über diese rücksichtslosen Idioten, die ihre Gespräche nicht wie andere Menschen in einer Telefonzelle abwickeln konnten. In diesen Anfangstagen der omnipräsenten Kommunikation waren es wohl Neider, welche die neuen technischen Geräte rundherum ablehnten und aus dem öffentlichen Leben verbannen wollten. Mit der Zeit formten sich dann Regeln für die Benutzung von Handys, die sich jedoch fast so schnell ändern wie die Modelle der Mobiltelefone.

Waren Handys noch gestern an vielen Orten geradezu verpönt, so werden sie heute im Silent-Modus oder mit eingeschaltetem Vibrationsalarm auch in feineren Restaurants oder in einer Konferenz geduldet und genutzt. Vor allem die Verwendung für den Zugang ins Internet ist kaum noch reglementiert. Der eigentliche Gebrauch aber – also die Abwicklung von Telefonaten – ist lästig wie eh und je, auch wenn die Benutzer von Mobiltelefonen zum Glück meist nicht mehr ganz so laut ins Gerät schreien wie früher.

Herr Knigge, nie mit einer derartigen Situation konfrontiert, würde wohl sagen: Mobiles Telefonieren sollte möglichst dezent geschehen. Wenn man ein Gespräch annehmen muss, sollte man aufstehen, sich einige Schritte entfernen und dort telefonieren, um das Tischgespräch oder den Ablauf einer Arbeitssitzung nicht zu stören. In einem Restaurant kann das bedeuten, dass man den Gastraum ganz verlassen muss. Dabei gehört es zu einer natürlichen Verhaltensweise, einen Gast oder Gesprächspartner nicht unnötig lange warten zu lassen, denn der direkte Kontakt und Austausch wurde durch das Telefonat sehr abrupt unterbrochen. Deshalb sollte so ein Gespräch möglichst kurz gehalten werden. Bei der Rückkehr entschuldigt man sich freundlich für das plötzliche Verschwinden. Nur wenig sensible Zeitgenossen geben dabei mit den Qualitäten ihres neuen Mobilfunk-Modells an.

Mehrere Telefonate hintereinander gehören dann aber schon wieder in ein Horrorkabinett des Verhaltens, und im Privaten kann schon ein einziges Gespräch ein schwerer Fauxpas sein, wenn es intime Momente wie ein gemeinsames Dinner mit einem profanen oder auch noch so lustigen Klingelton zerstört.

Apropos Klingelton. Sie wählen Ihre Kleidung mit Sorgfalt, achten auf Stil und Eleganz? Warum dann dieser dämliche Klingelton? Sie wollen doch nicht, dass man Sie für geschmacklos hält. Man könnte denken, dass manche telefonierende Person den Kindergarten noch nicht ganz hinter sich gelassen hat. Schalten Sie Ihre blökende Kuh oder Ihren neuesten Robbie-Williams-Klingelton auch einmal ab.

DIGITALE SITTENLOSIGKEITEN – VON NETIQUETTE UND CHATIQUETTE

Es gibt kaum einen Bereich, der noch so ungeregelt funktioniert wie die digitale Kommunikation. Alle Wünsche und Vorstellungen von »Netiquette«, dem Wohlverhalten im Internet und in den angrenzenden Medien, werden in jedem Augenblick aufs Neue unterlaufen und über den Haufen geworfen. Es beginnt mit Spam und endet – wo eigentlich? Hier die wichtigsten Grundsätze, um sich derzeit online als Mensch mit guten digitalen Manieren profilieren zu können:

- Ein schnelles Medium macht schnelle Kommunikation zwar möglich, aber nicht selbstverständlich. Haben Sie Geduld, wenn jemand nicht sofort antwortet! Ein Brief hat früher deutlich länger gedauert. Nerven Sie nicht mit mehrfachem Nachfragen.
- Kontakte sollten nicht in unerwarteter und unerwünschter Weise genutzt werden – bitte nicht über private Mailkontakte Gewürzgurken oder sonstige Sonderangebote anpreisen.
- Bei wichtigen persönlichen Kontakten: Bitte den eindeutigen Absender bei Nachrichten ausweisen und die vollständigen Kontaktdaten angeben! Es

könnte ja sein, dass Ihnen jemand anders als via Mail antworten möchte.

- Juxadressen wie gummibaerchen@tuete.de kann man zwar lustig finden, sie sind aber zugleich anonym und unverbindlich. Ihre offizielle Mailadresse sollte etwas mehr verraten. Auch Sie sind nicht erfreut, wenn Sie Post von einer solchen Adresse erhalten.

Unter »Chatiquette« versteht man den gesitteten Umgang miteinander in Chatrooms. Zu den wichtigsten Regeln der Chatiquette, die von Chatroom zu Chatroom variieren kann, gehört unter anderem, auf Beleidigungen, rassistische Kommentare, allzu direkte Flirtversuche und sonstige Taktlosigkeiten zu verzichten und den anderen Chattern mit Höflichkeit und Respekt zu begegnen.

Und so was essen Sie? – Benehmen im *Ausland*

Zu Hause kennt man sich aus, aber mit der Entfernung wächst die Zahl der Unterschiede und damit der möglichen Irrtümer in Bezug auf Benimmfragen. Zwar gibt es bestimmte Gesten, die unabhängig von Sprache und Nation allgemein verstanden werden, doch auch im nonverbalen Bereich sind Missverständnisse vorprogrammiert. Als Tourist kann man sich so einiges erlauben, Geschäftspartner reagieren meist sensibler. Erstaunlich, worauf man so achten muss …

KEINESWEGS INTERNATIONAL: DIE KÖRPERSPRACHE

Doch, es gibt sie, die Gebärden, die international verstanden werden. Aber man würde erwarten, dass es mehr Übereinstimmungen gibt. Es sind unerwartet wenige, manches ist ausgesprochen missverständlich, und im Nu tappt man von Fettnäpfchen zu Fettnäpfchen …

Schon in den USA, einer Nation, zu der wir eine gewisse kulturelle Nähe haben sollten, wird vieles anders verstanden. Wenn Sie ein Taxi heranwinken, sollten Sie Ihren unbändigen Bewegungsdrang bezähmen; der Amerikaner bewegt winkend nur die Finger der ausgestreckten Hand.

Kreuzt er dagegen Mittel- und Zeigefinger, will er nicht etwa satanische Kräfte bannen, sondern er wünscht Ihnen einfach »good luck«.

Krasse Differenzen ergeben sich auch im Verständnis einer weiteren Geste: Wenn Sie in Deutschland mit Daumen und Zeigefinger einen Kreis formen, lässt sich daraus ein gewisses Schimpfwort ablesen. Bürger der Vereinigten Staaten hingegen formen denselben Kreis und halten ihn winkend empor. Das bedeutet so viel wie »in Ordnung«, »saubere Sache«, »okay«. Der nach oben gerichtete einzelne oder doppelte Daumen – »thumbs up« – drückt dasselbe aus.

Mit dieser Geste kämen Sie im Iran allerdings in Teufels Küche – sie bedeutet dort in etwa dasselbe wie bei uns oder in Amerika ein ausgestreckter Mittelfinger. Vielleicht haben die beiden Nationen auch deshalb nicht eben freundschaftliche Beziehungen.

In Thailand oder anderen Ländern Asiens greifen Sie daneben, wenn Sie einem Kind den Kopf tätscheln. Dieser Körperteil ist nämlich im Buddhismus Sitz der Seele und für Berührungen durch Fremde tabu. Ebenfalls nicht ohne Probleme: der Gesichtsausdruck. Ein gelassenes Lächeln kommt immer gut an, während Herumalbern, Kichern und lautes Lachen als Zeichen für Unsicherheit und Nervosität gedeutet werden. Auch ist es nicht gut, seinem Gegenüber bei der Begrüßung allzu bestimmt und zu lange in die Augen zu schauen.

BABEL IST ÜBERALL – KONVERSATION IM AUSLAND

Um Irrtümer und Missverständnisse zu vermeiden, lautet die erste Regel zur richtigen Gesprächsführung im Ausland: Verständigen Sie sich vorab mit Ihren Gastgebern, in welcher Sprache Sie miteinander reden. Es kommt gut an, wenn Sie ein paar Sätze oder wenigstens Worte in der Landessprache beherrschen, auch wenn die spätere Arbeitssprache dann doch Englisch ist. »I kapier nix!«, ist nur eine Notlösung.

Wichtig sind natürlich auch die Inhalte: Achten Sie darauf, was Sie sagen. Sie müssen sich auf fremdem Terrain nicht als gesellschaftskritischer Zeitgenosse profilieren – Sie wollen schließlich Geschäfte machen und sich nicht in die Politik des Landes einmischen. Wenn Sie erfolgreich und mit heiler Haut nach Hause kommen wollen, vermeiden Sie die Themengebiete Politik, Religion und Erotik. Falls Sie dennoch vorhaben, in einem totalitären Staat den Landesvater zu kritisieren, machen Sie wenigstens vorher Ihr Testament. Immer gut kommt es an, wenn Sie die touristischen Attraktionen, die Bauwerke oder das Essen der jeweiligen Kultur über den grünen Klee loben. Das ist zwar mieses Anbiedern, aber sehr gefragt. Passen Sie jedoch beim Thema Essen genau auf, was Sie loben. Sonst könnte es passieren, dass Sie hinterher Dinge verzehren müssen, die Ihnen sehr, sehr fremd sind.

JA HEISST NICHT IMMER JA UND NEIN NICHT IMMER NEIN …

Worte müssen nicht überall dasselbe bedeuten: Schon die kulturell mit uns sehr nah verwandten Briten sind in der Wertung der beiden Worte Ja und Nein weniger präzise als wir Deutschen – es gibt deutlich mehr Nuancen. Andere Völker bejahen nicht unbedingt den Inhalt einer Aussage und antworten auch nicht auf den Kern einer Frage, wenn sie Ja sagen, sondern tun damit lediglich kund, dass sie Aussage oder Frage verstanden haben. Besonders die Asiaten entwickeln in Bezug auf Zu- oder Absagen besonderes Talent. Den Japanern zum Beispiel sagt man nach, dass sie auf 600 verschiedene Weisen Nein sagen können.

Ein mündliches Ja ist in vielen Fällen nicht unbedingt eine verbindliche Aussage. Während in einigen Nationen – zum Beispiel in Schweden oder Großbritannien – eine mündliche Absprache absolut genügt, wird geraten, in anderen Regionen – zum Beispiel in Russland oder in der Türkei – auf jeden Fall die Schriftform anzustreben.

NA, SCHMECKT DOCH SUPER, ODER? – ANGEMESSENE GASTFREUNDSCHAFT

Sie haben einen geschäftlichen oder privaten Gast aus einem fernen Land, von dem Sie als aufmerksamer Gastgeber wissen, dass er sich vor gebratenen Vögeln maßlos ekelt. Was servieren Sie ihm? Doch hoffentlich kein Brathähnchen! Mit Gastfreundschaft hat es nämlich wenig zu tun, wenn man Menschen aus anderen Ländern zwingt, Nahrungsmittel zu sich zu nehmen, die ihnen in keiner Weise munden oder sogar Brechreiz verursachen – zum Beispiel Hammelaugen, beliebt in Nordafrika. Oder ein Menü aus Heuschrecken und fingerdicken Baummaden, beides Nahrungsmittel im zentralen Afrika. Oder wie wäre es mit Affenhirn, eine aus europäischer Sicht durchaus fragwürdige Delikatesse in China?

Ein seinen Gästen gegenüber wirklich freundlich eingestellter Mensch, der seine eigene Kultur nicht zu wichtig nimmt, wird dafür sorgen, dass die Speisen auf dem Tisch stehen, die seinem Gast Genuss bereiten. Auch ist eigentlich völlig uneinsichtig, warum die Ablehnung einer Speise einer Beleidigung gleichkommen soll, sofern Sie sich nicht als Ausrede etwas über Magenverstimmung oder Allergien zusammenlügen. Die Toleranz gegenüber einer Kultur sollte, auch im Geschäftsleben, wechselseitig sein. Vorauseilendes Multikulti-Gehabe, bei uns äußerst verbreitet, ist bei näherem Hinsehen würdelos.

MENTALITÄT: NICHT NUR BEIM TEMPO UNTERSCHIEDLICH

Zwischen Nordafrika und Europa liegt nicht nur das Mittelmeer, sondern auch ein gewaltiger Unterschied in Lebensauffassung und Mentalität, der sich auch beim Thema Geschwindigkeit manifestiert. Europäer leben weitaus schneller und, wie sie meinen, effektiver als zum Beispiel die Menschen in Algerien oder Marokko. Einen disziplinierten westeuropäischen Geschäftsmann können die aus seiner Sicht allzu lockeren nordafrikanischen Sitten in Sachen Pünktlichkeit und Zuverlässigkeit ganz schön aus dem Konzept und vielleicht auch auf die sprichwörtliche Palme bringen.

Ein weiterer Unterschied besteht darin, dass man bei Geschäftsterminen nicht sofort zur Sache kommt. Es wird nicht gern gesehen, wenn Sie ohne eine Vertiefung des privaten Kontakts sofort berufliche Belange ansprechen. Geschäfte brauchen Gastfreundschaft und eine Vertrauensbasis, meint die arabische Seele, die sich auch in anderen Punkten deutlich von der europäischen unterscheidet.

Arabische Männer sollten Sie zum Beispiel nicht nach dem Befinden der Ehefrau fragen – das gilt wiederum als viel zu privat.

Menschen in den USA haben unter Umständen Schwierigkeiten mit der Begeisterung für die vermeintlichen Vorzüge des deutschen Business-Alltags: penible Planung und Problemanalyse. Man denkt spontaner – »Let's try it!« –, nicht in Zehnjahresprojekten, sondern eher mittelfristig in Wochen- oder Monatszeiträumen und kann den Hang zu akribischen Problemanalysen, wenn etwas nicht funktioniert, schwer nachvollziehen. Auf Schwierigkeiten oder Misserfolge reagiert man ähnlich wie zu Projektbeginn: »It doesn't work. Let's stop it!«

SITTE UND MORAL – EINE QUAL?

Wir sind einiges gewöhnt: Bei uns wird in aller Öffentlichkeit geknutscht, geknuddelt und gekost. Zungenküsse arten schon manchmal zur oralen Mandeluntersuchung aus. Sollten Sie privat oder geschäftlich unter einer anderen Flagge unterwegs sein, müssen Sie allerdings einige Ihrer bisherigen Gewohnheiten im Koffer lassen.

In den USA sind zwar männlich-deftige Begrüßungen mit schulterklopfendem Körperkontakt gang und gäbe, ein Kuss in aller Öffentlichkeit könnte Ihnen aber Minuspunkte einbringen. Wenn Sie zur gleichgeschlechtlich liebenden Fraktion gehören sollten, wird es in weiten Landesteilen sinnvoll sein, das Händchenhalten zu unterlassen. Dafür dürfen die weiblichen Heteros an öffentlichen Stränden nicht oben ohne baden. Und die Männer riskieren eine Anzeige wegen Erregung öffentlichen Ärgernisses, wenn sie die bei uns üblichen eng anliegenden Badehosen tragen.

In Saudi-Arabien verfolgen eifrige Religionspolizisten in Zivil jungverliebte Paare auf Schritt und Tritt. Wer bei Liebesspielen erwischt wird, dem drohen je nach »Schwere der Verfehlung« entweder Haftstrafen oder gar das Auspeitschen.

In Dubai ist Sex vor der Ehe verboten und wird mit Gefängnis bestraft, wie eine 23-jährige Engländerin erfahren musste, die dort vergewaltigt wurde. Als sie die Polizei rief, verhaftete diese nicht etwa den Vergewaltiger, sondern das Opfer und ihren Freund. Beide wurden wegen außerehelichen Geschlechtsverkehrs ins Gefängnis gebracht. Der Vergewaltiger stritt alles ab und läuft frei herum. Tolle Sitten!

Die *Kunst*
des Besser-
wissens

Als neuer Knigge versteht sich der Autor dieses Buches nicht, einen allgemeinen Verhaltenskodex kann er nicht liefern. Zu Zeiten der ersten Benimmbücher waren die Sitten und Gebräuche einfacher und die gesellschaftlichen Zusammenhänge in ihren verschiedenen Ausprägungen wahrscheinlich überschaubarer und weniger komplex.

Dieses Buch will kein kompletter Benimmratgeber sein, sondern nur einige Aspekte aus dem umfangreichen Feld menschlichen Verhaltens aufgreifen und sich ein paar besserwisserische Gedanken dazu machen. Auch wenn dies keine erschöpfende Darstellung sämtlicher heute gültiger Etikette-Regeln sein kann, werden Sie hoffentlich in Zukunft ein paar der typischen Benimm-Irrtümer zu vermeiden wissen und in nicht mehr allzu viele Fettnäpfchen treten. Gleichzeitig ist es hoffentlich gelungen, ein paar Knigge-Selbstverständlichkeiten infrage zu stellen und neu zu beleuchten. Mag sein, dass Sie jetzt keinen Benimmratgeber mehr kaufen wollen, sondern Ihre Verhaltensunsicherheiten mit eigenen Mitteln angehen und sich Ihre eigenen Gedanken zu Sinn und Unsinn einzelner Etikette-Regeln machen. Dann sind Sie auf dem richtigen Weg. Mehr kann ein Besserwisser eigentlich nie erreichen!

Überzeugung und Irrtum liegen nah beieinander. Hartnäckig halten sich Legenden, dass Austern potent und Bananen glücklich machen. Was ist dran an der überlieferten Gerüchteküche?

Der Kleine Besserwisser »Kochirrtümer« liefert die Antwort!

Für alle, die wissen wollen, was ihr Kochtopf wirklich hergibt: Fakten, Anekdoten und viel unterhaltsam Wissenswertes im Taschenformat.

112 Seiten, 12,95 €

ISBN 978-3-7607-6333-0

ÜBER DAS LEBEN UND ÜBER DIE LIEBE –
WEITERE NEUE TITEL BEI ARSEDITION

Lebenshilfe mal anders: die ultimative Anleitung zum Unglücklichsein mit den besten Zitaten des Bestsellerautors Paul Watzlawick. Zum Analysieren und Gedankenspielen ist jede Seite ein typografisches Kunstwerk.

240 Seiten, 12,95 €
ISBN 978-3-7607-6310-1

Liebe und Glück sind untrennbar miteinander verwoben und bilden den kostbaren roten Faden, der sich durch unser Dasein zieht. Mit diesem Buch ist Hans Kruppa ein weiteres Meisterwerk gelungen – berührender Lesegenuss und Lebenshilfe zugleich.

80 Seiten, 9,95 €
ISBN 978-3-7607-6337-8

www.arsedition.de

© 2010 arsEdition GmbH
Alle Rechte vorbehalten

Text: Norbert Golluch
Grafische Gestaltung: arsEdition

Vignetten: fotolia.com – Konovalov Pavel, Mikel Wohlschlegel,
Stasys Eidiejus, Mr_Vector, Eugen Wais, Grum, thierryH
iStockphoto – bubaone, Dave Hopkins

Printed by Tien Wah Press
ISBN 978-3-7607-6334-7

www.arsedition.de